Psicanálise em teoria e prática

Rainer Melo

Psicanálise em teoria e prática

casos clínicos

Copyright © 2023 por Aller Editora

Publicado com a devida autorização e com todos os direitos reservados à Aller Editora.

É expressamente proibida qualquer utilização ou reprodução do conteúdo desta obra, total ou parcial, seja por meios impressos, eletrônicos ou audiovisuais, sem o consentimento expresso e documentado da Aller Editora.

Editora	Fernanda Zacharewicz
Conselho editorial	Andréa Brunetto • *Escola de Psicanálise dos Fóruns do Campo Lacaniano* Beatriz Santos • *Université Paris Diderot — Paris 7* Jean-Michel Vives • *Université Côte d'Azur* Lia Carneiro Silveira • *Escola de Psicanálise dos Fóruns do Campo Lacaniano* Luis Izcovich • *Escola de Psicanálise dos Fóruns do Campo Lacaniano*
Revisão técnica	Fernanda Zacharewicz e William Zeytounlian
Capa e ilustração de capa	Rogério Rauber
Diagramação	Sonia Peticov

1ª edição: setembro de 2023
1ª reimpressão: outubro de 2024
2ª reimpressão: setembro de 2025

Dados Internacionais de Catalogação na Publicação (CIP)
Ficha catalográfica elaborada por Angélica Ilacqua CRB-8/7057

M486p   Melo, Rainer
　　　　　Psicanálise em teoria e prática : casos clínicos / Rainer Melo. -- São Paulo : Aller, 2023.
　　　　　192 p.

　　　　　ISBN 978-65-87399-54-6
　　　　　ISBN *ebook*: 978-65-87399-55-3

　　　　　1. Psicanálise I. Título

23-5351　　　　　　　　　　　　　　　　　　　　CDD: 150.195
　　　　　　　　　　　　　　　　　　　　　　　　CDU 159.964.2

Índice para catálogo sistemático
1. Psicanálise

Publicado com a devida autorização e com todos os direitos reservados por

Aller Editora
Rua Havaí, 499
CEP 01259-000 • São Paulo — SP
Tel: (11) 93015-0106
contato@allereditora.com.br

Aller Editora • allereditora

A psicanálise, no entanto, distinguiu-se a princípio por dar acesso à ideia de cura em seu campo, ou seja: dar aos sintomas seu sentido, dar lugar ao desejo que eles mascaram, retificar de modo exemplar a apreensão de uma relação privilegiada — ainda que tivesse sido preciso poder ilustrar isso com distinções estruturais exigidas pelas formas da doença, reconhecê-las nas relações do ser que demanda e que se identifica com essas próprias demandas e identificação.

LACAN, "Ato de Fundação" in *Outros escritos*, p. 245.

Para Arnaldo

*Se tu vens às quatro da tarde,
desde às três eu começarei a ser feliz.*

ANTOINE DE SAINT-EXUPÉRY

Índice

Apresentação, por Andréa Brunetto   11
Meu percurso na clínica do Real   15
Para introduzir a clínica   31

Parte 1 • A transferência e a direção do tratamento

"Por que sempre me interesso por homens comprometidos?"   49
"Ou o amor ou o sexo"   54
"Minha vida está vazia, sem sentido"   62
"O que faço para me interessar por uma mulher?"   72
"Fazer uma escolha ou permanecer na dúvida?"   79
"O que eu faço? Sei que você sabe"   86
"A Mulher me persegue"   97

Parte 2 • O materno, o feminino e a clínica com crianças

"O que é ser mãe?"   107
"Eu preciso retomar minha análise com você"   117
"Você vai me deixar ficar aqui?"   131
"Quero olhar para a rua"   136
"Posso ficar com você?": O menino de penas   143

Parte 3 • O gozo, o amor e o real

"Outro, que tenha um olhar sacana e maldoso"   153
"Papai tinha um olhar triste. Lembro-me bem"   163
"Fui deixada de lado, sem lugar": A cama do Real   170

Conclusão   181
Agradecimentos   185

Apresentação

Após a morte de Freud, num período em que os preceitos da psicanálise se desvirtuavam com a proliferação de teorias sobre o ego autônomo, o amor genital maduro — com suas promessas de encontro feliz com o objeto — e de um final de análise pela identificação com o analista, Lacan propôs um retorno a Freud, denunciando toda uma condução da técnica analítica que tendia a reduzir o sujeito às funções da realidade. Ironicamente, chamou isso de uma articulação "ao mundo dos advogados americanos"[11]. Sua proposta de retorno à obra de Freud, de retomar a práxis da psicanálise, visava submeter a clínica psicanalítica à ética e à política do analista, qual seja, de sua falta-a-ser.

Atualmente, a psicanálise repercute debates diferentes desses acima listados, debates que estão circulando na cultura — é sua função estar à altura das questões de seu tempo —, tais como o decolonialismo, a branquitude, a necropolítica, as identidades LGBTQIA+, dentre outros. Que efeitos eles terão sobre os conceitos fundamentais da

---

[1] LACAN, Jacques. *O Seminário, livro 6: O desejo e sua interpretação*. Trad. Claudia Berliner. Rio de Janeiro: Jorge Zahar Editor, 2016, p. 417.

psicanálise? Proponho este questionamento numa tentativa de retomar o fio cortante da clínica de Freud e Lacan. É certo que a psicanálise só sobrevive onde se mantém o regime democrático, onde não se censura a palavra. Também é premissa que está em jogo uma escolha exclusiva, ou psicanálise ou racismo. E que o discurso do analista não se apoia no discurso do mestre, não se apoia na segregação. Partindo disso, pergunto: O que seria a clínica psicanalítica hoje? Teria ela diferenças em relação à da época de Lacan e, ainda mais, à da de Freud?

Vejo divulgações de eventos, *lives*, debates nas redes sociais, que começam com questões como "as mulheres e os homens de hoje são os mesmos da época de Freud?" ou com afirmações como "a análise com três ou quatro sessões por semana e por longos anos está ultrapassada". "Os dias de hoje" são o quê? Os do capitalismo, do *time is money*, do progresso? Nem vou me deter no que Freud e Lacan falavam sobre o progresso — não eram muito lisonjeiros — pois acredito que essas questões de nosso tempo não mudam os conceitos fundamentais da psicanálise. E respondo sim à primeira questão que está circulando nas redes e que repeti aqui: sim, em seu cerne o sujeito é o mesmo da época de Freud e Lacan. Com sua divisão, seu inconsciente, sua estruturação na linguagem (mas não-toda), com suas pulsões, seu vazio central ou seu "rochedo de castração", para utilizar os termos freudianos. Preso, ainda, ao mesmo rochedo, que carrega diuturnamente montanha acima, caminha o sujeito sem ser senhor em sua própria casa. Lacan, em 1964, retomando os conceitos fundamentais da psicanálise, após sua excomunhão — o que mostra que não foi nada fácil manter o fio cortante da verdade freudiana — pergunta aos seus ouvintes: a pulsão ainda é um conceito fundamental da psicanálise? Ao que responde "sim". A clínica de Freud e a de Lacan ainda valem para os dias de hoje? Respondo que sim.

Apresentação

E por que escrevo tudo isso para apresentar o livro de Rainer Melo? Ela nos mostra isso em cada caso clínico que nos apresenta, com sua escuta afinada, seu desejo de analista e sua direção do tratamento. Sua condução das análises apoia-se nos preceitos de seus mestres e no que alcançou da psicanálise em intensão. Ela nos apresenta os casos clínicos de Freud, debate a histeria, a neurose obsessiva, a perversão e a psicose mostrando-nos, em sua clínica, o que Lacan chamou as estruturas clínicas, e Freud, os tipos clínicos. Além dos tipos clínicos e a direção do tratamento, ela escreve sobre o materno e o feminino, a clínica com crianças, o gozo, o amor e o Real.

Seu livro é fruto de uma escrita mantida por longos anos, de apresentação de trabalhos nos encontros nacionais e internacionais do Campo Lacaniano desde sua fundação. E mesmo na Escola anterior em que estávamos. Mas o livro tomou corpo, tomou forma, fez-se desejado durante a pandemia e foi concluído durante o pior momento da crise sanitária, em que ela estava confinada em seu apartamento no Rio de Janeiro. Rainer Melo escreve que "A psicanálise, de forma virtual, em intensão e extensão, teve lugar de destaque durante esses longos períodos de isolamento a que todos fomos submetidos pelo coronavírus". Esse livro é mais um triunfo diante do horror pandêmico que nos assolou e chega como um presente que ela nos dá.

Para mim não é apenas uma alegria poder ler tamanha riqueza clínica — é duplamente uma alegria, pois Rainer é uma amiga de décadas. Conhecemo-nos no início de nossas análises pessoais, na sala de espera do analista. Duas estrangeiras no Rio de Janeiro que, iniciando o caminho de descoberta do inconsciente, encontraram ali uma amizade que vem sobrevivendo ao tempo. Começamos a formação em psicanálise em uma Escola, saímos dela, juntas com outros tantos colegas, fundamos outra Escola, a Escola de

Psicanálise dos Fóruns do Campo Lacaniano. Rainer conta, no início de seu livro, uma parte dessa história que eu havia até esquecido. Seu livro é também imprescindível por isso: é retrato de um momento muito importante de criação do Campo Lacaniano no Brasil.

É com muita alegria que apresento a vocês, leitores, esse livro tão importante para entendermos a clínica psicanalítica e os primórdios do Campo Lacaniano, de minha querida amiga e colega no ensino e na transmissão da psicanálise no Brasil.

ANDRÉA BRUNETTO

Meu percurso na clínica do Real

Um pouco de minha história

Vou introduzir a situação de minha clínica e da temática do Real, que a movimenta, a partir de uma breve digressão biográfica. Para isso, vou retomar momentos iniciais de minha formação. No colégio interno, com as irmãs francesas, tive o primeiro contato com a psicologia, pois iniciei um tratamento com uma irmã que era psicóloga. Foi então que comecei a apostar na escuta: na hora da recreação, dava ouvido às minhas colegas que confiavam em mim. No *a posteriori*, atribuo a esse evento tão tênue da juventude o início da marca do desejo de saber.

Mais tarde, em transferência com o saber freudiano, comecei com a psicanálise antes da psicologia. Era uma pedagoga que já apostava no inconsciente. Assim, fiz uma formação que começou na transferência com a obra freudiana e chegou a Lacan. Comecei uma formação no Campo Freudiano e segui, construindo junto com colegas, o Campo Lacaniano no Brasil.

Portanto, vim da área de educação, à qual me dediquei vinte e oito anos. Comecei a fazer análise e a estudar psicanálise antes de ingressar na faculdade de psicologia. Trabalhei por três anos num hospital psiquiátrico, onde era a responsável pelas estagiárias. Preocupava-me verificar tantos casos diagnosticados de psicose na área feminina, o que me parecia tratar-se de histeria. Fazia atendimentos individuais e em grupo, e fazia anamnese nas duas alas: masculina e feminina. Ali, uma vez por mês, aconteciam apresentações de pacientes psiquiátricos. Participei por muitos anos de um grupo de estudos em psicanálise, sobre a obra de Freud. O psicanalista que era meu supervisor sugeriu-me vir ao Rio estudar Lacan. Vim no início de 1993, época da Iniciativa Escola do Campo Freudiano. Participava de alguns seminários. Em 1994, foi criado em Juiz de Fora o Polo da Iniciativa Escola — fui designada coordenadora de Cartéis. Em 1997, fiz o passe sob transferência, no Campo Freudiano (EBP), sendo nomeada membro da Associação Mundial de Psicanálise do Campo Freudiano (AMP). Recebi a notícia da nomeação no Encontro Nacional em Salvador, em abril de 1998. Fui ao Encontro Internacional da Associação Mundial de Psicanálise em setembro de 1998, em Barcelona, ocasião em que aconteceu o primeiro Congresso dos Membros da AMP.

O dispositivo do passe é uma invenção de Lacan para acolher o saber extraído do dispositivo freudiano. Esse saber é ordenado por uma lógica e um tempo próprios. Em alguns casos, há emergência de um desejo novo, que não se subordina aos equívocos, ou seja, ao ciframento do inconsciente que pede decifração. Lacan admite que esse desejo é condição suficiente para alguém se oferecer à metonímia analisante como semblante, porém, a condição necessária é a experiência subjetiva. O passe é uma experiência em que há um real em jogo, real que suscita uma elaboração. O "passe sob transferência", também chamado de "passe de entrada", foi criado em 1995 na fundação da EBP, a partir da segunda proposição de Lacan, na "Carta aos italianos". Ele designa a experiência de se aplicar o dispositivo do passe como critério para entrada como membro nas Escolas da AMP. O candidato a passante teria de dar provas de um saber sobre seu inconsciente e de um percurso que lhe permitisse falar sobre sua análise em intensão. A primeira etapa seria uma entrevista na secretaria do passe e, se o candidato desse provas de que poderia prosseguir, sortearia dois nomes de passadores por onde teria de comprovar seu percurso de análise. Passei por dois passadores, um em Belo Horizonte e outro em Salvador, que depois levaram ao cartel do passe meu testemunho. Foi um tempo longo de espera. No Encontro em Salvador veio o resultado do passe: a nomeação como Membro da AMP.

A alegria durou pouco, pois logo iniciaram as conversações no Brasil acerca de pontos de divergências entre os membros. Depois, nós, no Rio de Janeiro, em reuniões com vários colegas (inclusive alguns vindo de outras cidades), discutíamos nosso desejo e a possibilidade de criação de um Campo Lacaniano, campo já pensado por Lacan. Ainda não tínhamos pensado nos Fóruns, o que só foi possível em Barcelona. Lá, continuamos as reuniões com vários colegas no Hotel Havana. Éramos inicialmente oitenta colegas do mundo todo, até que Miller descobriu as reuniões e falou alto em pleno congresso: "Os cubanos estão saindo para o Hotel Havana" — saíamos um a um. Neste momento, muitos desejosos da cisão saíram também e, de oitenta, passamos a ser duzentos.

Retomando os debates que antecederam a cisão da EBP, voltamos às discussões no Campo Freudiano, que ocorreram em várias partes do Brasil, inclusive no Rio de Janeiro. O próprio Jacques-Alain Miller participou de um desses debates. Foi um tempo triste, de muitas lutas, conversações e discussões.

Em 1998, iniciamos no Rio de Janeiro as reuniões com objetivo de criar o Campo Lacaniano. Em Barcelona, realizamos diversas reuniões para tratar dos futuros Fóruns do

Campo Lacaniano com colegas de vários países. Retornamos ao Rio de Janeiro e continuamos a nos reunir. Criamos o primeiro Fórum do Brasil no Rio de Janeiro e o segundo em Juiz de Fora, ambos em 1998. Tenho muito orgulho e entusiasmo por ter estado nesse momento de fundação, assim como por ter sido nomeada AME (Analista Membro da Escola) no início de julho de 2018. No retorno a Barcelona, em 2018, vinte anos depois da fundação do Campo Lacaniano, revivemos momentos de alegria e entusiasmo. Fizemos no Hotel Havana o nosso reencontro, com um coquetel regado a champanhe.

Conto esse percurso para marcar o lugar de onde falo e também para mostrar que o norte da clínica do Real se relaciona com o aniversário de vinte anos do Campo Lacaniano, com esse reencontro em Barcelona: o advento do Real, que é o advento do psicanalista.

Digo isso porque obra de Lacan pode ser dividida em dois momentos: o "campo da linguagem" e o "campo do gozo" ou "clínica do Real". O mesmo ocorre com a obra de Freud, cuja primeira parte é relativa ao inconsciente e a metapsicologia e, a segunda, ao para-além do princípio do prazer, em que a pulsão de morte é comum ao isso e ao supereu. Essa divisão é relativa e equivale às duas tópicas de Freud. Os avanços do primeiro Lacan não caducam em relação ao segundo, assim como em Freud a pulsão de morte não exclui o inconsciente. Dessa forma, o campo do gozo não abandona o campo da linguagem, mesmo porque é a partir da linguagem que se pode abordar o gozo. Além disso, a definição de significante, no campo do gozo não é a mesma do campo da linguagem. Gostaria de me deter um pouco nesse tema.

A clínica do Real e o campo do gozo

Nos últimos anos, tenho trabalhado em meu seminário muitos textos do ensino do último Lacan, porque o objetivo que me

Meu percurso na clínica do Real

propus, por conta do tema do nosso Encontro Internacional em Barcelona em setembro de 2018, foi "O Advento do Real e o Psicanalista". Foi a esse tema que retornei vinte anos depois da criação dos Fóruns. Ele remete ao advento do sintoma real — este sintoma que é o que sujeito tem de mais real: ele o traz para ser trabalhado na sua análise com o psicanalista.

Lacan, à medida que avançava em seu ensino, recusava o Édipo, mesmo depois de resumi-lo sob a alcunha de "metáfora paterna". Em seu seminário sobre *A angústia* (1962-63), Lacan chega a dizer que o Édipo de nada servia. Depois, porém, ele o repensou como função, não edípica, mas real e ao mesmo tempo lógica e existencial.

O sintoma médico é um sinal de uma doença ou uma disfunção que se visa reduzir. Desde os primórdios, é diferente para a psicanálise. No início, para Freud, os sintomas eram imputados às doenças nervosas, eram sinais da neurose, sinais de um recalque das pulsões que retornavam por vias dolorosas. Embora assumindo formas diferentes, o sintoma era, portanto, pensado como um problema a ser resolvido; para a psicanálise, era um problema ligado à sexualidade, em razão da implicação das pulsões. Sabemos a tese *princeps* de Freud sobre os sintomas da neurose: eles são substitutos de um gozo sexual.

Mais tarde, em 1973, Lacan vai afirmar que o sintoma é um modo de gozar do inconsciente, que é real — vem do real. Ao enunciar que "o significante é a causa do gozo"[1], no seminário 20, *Mais, ainda,* Lacan indica a transformação de sua elaboração teórica, evidenciando o significante como aquilo que produz gozo e não mais seu efeito de mortificação sobre o corpo, que está implícito na teorização da fantasia.

---

[1] LACAN, Jacques. *O Seminário, livro 20: Mais, ainda* (1972-73). Trad. M. D. Magno. Rio de Janeiro: Jorge Zahar Editor, 1985, p. 36.

Enfatiza que o significante não atrai a libido; ele a causa sob a forma de mais-de-gozar. O significante tem uma incidência de gozo sobre o corpo, ou seja, que de um corpo se goza por corporizá-lo de maneira significante, no que temos o corpo vivificado pelo significante. É o que com o último Lacan denominamos "sintoma".

Nesta perspectiva, não se trata mais do sintoma visto na vertente simbólica como verdade do sujeito, como formação do inconsciente, como aquele que interpreta, que perturba, que cria, obstaculiza o saber no real. Se trataria, antes, do sintoma como gozo, quer dizer, o viés do sujeito pelo qual há o advento do sintoma, o gozo denunciando a exigência imperiosa da pulsão a se satisfazer. Isto significa que o sintoma não é redução de gozo que se realiza na castração, mas sim o mais-de-gozar. Portanto, há uma vontade de gozo que se apresenta sempre sob a forma de sintoma, o que inscreve uma relação direta entre significante e gozo.

A partir daí, podemos inferir que Lacan escreve o sintoma no lugar onde Freud teoriza a pulsão, ao defini-la como o limite entre o somático e o psíquico, conceito que permite pensar a articulação do significante com o corpo. Portanto, para que haja gozo, é preciso que haja corpo.

Se gozar traduz que o corpo de um sujeito goza de uma parte do corpo de outro — este outro também tem seu gozo próprio — como se pode abordar essa parte do outro sem o significante? O significante tem efeitos de gozo sobre o corpo do Outro. Dessa maneira, dizemos que o corpo é afetado por dois efeitos significantes: a mortificação e a produção do mais-de-gozar; o significante barra o gozo, da mesma forma que o sustenta. Assim, temos uma nova definição do significante: não há gozo sem significante, nem significante sem referência ao corpo. No *falasser*, o gozo do corpo é ligado ao significante como sua consequência. Enfim, o significante determina a modalidade do gozo do *falasser*.

Meu percurso na clínica do Real

O inconsciente é estruturado como uma linguagem, formado pela *alingua*² de que o ser falante goza sob o modo sintomático. Lemos, desde Freud, que onde isso fala, isso goza, apontando que o gozo obtido não é nunca o gozo esperado. De sua parte, Lacan afirma que o inconsciente é um saber não sabido.

Lacan sustenta que a clínica é o real enquanto impossível de suportar³. Por isso, é possível e legítimo querer escrever esse real. A ferramenta borromeana parece adequada a essa tarefa que se situa no limite do possível, já que se trata do real. O Real é o impossível de abordar, o inefável, o indizível. O nó borromeano, conforme articulado por Lacan no seminário 20, é formado por três rodinhas de barbantes que se entrelaçam de modo que formam juntas um nó. As três rodinhas da estrutura borromeana designam o Real, o Simbólico e o Imaginário. Cada rodinha representa um dos registros pensados por Lacan e é uma parte autônoma, intercambiável. O nó, porém, só ocorre pela amarração da terceira rodinha, que enlaça todas num único laço. Lacan propõe o enigma: como fazer para que as rodinhas fiquem juntas de tal modo que, se uma delas for cortada, as outras fiquem livres?

O nó borromeano não é uma invenção original; o próprio Lacan menciona que o havia notado no brasão da dinastia da família Borromeo. O uso da tríade para representar uma unidade também data de tempos muito antigos. Lacan o usou para ilustrar a unidade do sujeito, o cristianismo como símbolo da Santíssima Trindade. Consta que ele viu num documento, um manuscrito do século XIII numa igreja de Paris, três anéis entrelaçados representando "O Pai, O filho e

---
² *Idem*, p. 190.
³ LACAN, Jacques. "Abertura da seção clínica". In: *Ornicar?* n. 9, 1977. Aula de 9 de abril de 1977, p. 714.

o Espírito Santo". No entanto, o nó borromeano aparece bem antes disso, por exemplo, na arte budista afegã do século II e em algumas representações da mitologia grega. Na teoria dos nós matemática, um entrelaçamento brunniano (descrito em 1892 pelo matemático alemão Hermann Brunn) é uma trama de ligação entre três ou mais elementos geométricos que se separam caso um deles seja removido. Os nós borromeanos foram utilizados em diferentes contextos para simbolizar a força e a unidade, especialmente na religião e nas artes. Na psicanálise, o nó borromeano foi escolhido por Jacques Lacan para discutir a estrutura do sujeito, essa é a principal razão de sua popularidade.

Do real em Lacan

Anunciada sob o título de "O Sintoma" e organizada pela Sociedade Suíça de Psicanálise, a *Conferência de Genebra sobre o Sintoma,* data de 4 de outubro de 1975. Antes dela, Lacan pronunciou, na abertura do 7º Congresso, que ocorreu entre os dias 31 de outubro a 3 de novembro de 1974, uma conferência que recebeu o título de "A terceira". *RSI* foi um seminário iniciado dois meses depois de "A terceira".

Desde Freud sabemos que o trauma é uma experiência que leva o sujeito a um acontecimento difícil de ser simbolizado[4]. Não há palavras que expliquem o trauma ou o Real[5]. Lacan observa que o sintoma é formado a partir do Real, mas ao mesmo tempo é Simbólico. Defende que o sintoma é o que o sujeito tem de mais real. O Real não pode ser reduzido à realidade concreta. O Real atropela o sujeito e é traumático.

---

[4] FREUD, Sigmund. "Além do princípio de prazer" [1920]. In: *Edição Standard Brasileira das Obras Psicológicas Completas de Sigmund Freud,* vol. XVIII. Rio de janeiro: Imago, 1980, p. 45.
[5] LACAN, Jacques. *Seminário 22: RSI* (1974-75). Inédito.

O trauma e o Real estão ligados, pois o Real é "apresentado do que nele há de inassimilável — na forma do trauma."[6] O trauma é real, mas se apresenta fantasiado. O que torna um acontecimento traumático é a fantasia que o sujeito faz a partir do trauma, fantasia esta que vem antes do sintoma e por isso o determina. O sujeito se pergunta: "O que o Outro fez de mim?" — eis o trauma. "O que eu faço a partir disso, ou seja, com isso?" — eis a fantasia. A ideia do traumatismo sexual é a ideia de um primeiro encontro com o gozo que deixa a marca de uma satisfação real.

Nos últimos momentos de RSI, Lacan conclui que o enodamento dos três registros (Real, Simbólico e Imaginário) supunha um quarto anel, que ele passa a chamar de sinthoma. Avisa que este será trabalhado no próximo seminário, cujo título será *Joyce, o sinthoma*. O 4º anel, sendo o Pai-*sinthoma* o que nomeia, que para Freud é a realidade psíquica, o Édipo, e que Lacan nomeia Nome-do-Pai, NP.

RSI — Real, Simbólico e Imaginário. Aqui, o Simbólico corresponde aos significantes e suas cadeias que compõem o inconsciente estruturado como uma linguagem, como *alíngua*. O Imaginário corresponde ao conceito de narcisismo, ao corpo, ao eu, ao sentido, à fabulação, aos sonhos, às fantasias e à imaginação. Quanto ao Real, em Freud vemos vários nomes: satisfação, prazer, libido, dor, angústia, trauma, afeto e aquilo que da pulsão não tem representação na linguagem no inconsciente, inclusive seu objeto.

O sintoma produz-se no campo do Real e é efeito do Simbólico no Real[7]. A angústia parte do Real, é real, é um afeto que não foi recalcado. No texto "Inibição, sintoma e

---

[6] LACAN, Jacques. *O Seminário, livro 11: Os quatros conceitos fundamentais da psicanálise*. Trad. M. D. Magno. Rio de Janeiro: Jorge Zahar Editor, 1988, p. 57.
[7] LACAN, Jacques. *O Seminário 22: RSI*, (1974-75). Inédito. Aula de 10 de dezembro de 1974.

angústia", Freud relaciona angústia com o perigo, com o desamparo (trauma), o que descreve como situação traumática. Lacan retorna a este texto de Freud no seminário *RSI* e afirma que a angústia é real e traumática. Para Freud, a angústia se apresenta como um sinal, uma ameaça, perda de um objeto, ameaça hostil revivida, situação de perigo, um trauma ou uma repetição de situações vividas na infância que foram traumáticas.

No seminário 22, *RSI*, Lacan afirma que o sintoma é real, mas possui duas vertentes: uma do Real (trauma) e a outra do Simbólico (linguagem). O Real não pode ser reduzido à realidade concreta. É indizível e sempre volta ao mesmo lugar. O Real atropela o sujeito. O Real é traumático. Sabemos que a partir da cena traumática o sujeito cria a fantasia para dar conta do Real traumático. A fantasia é toda a cena que o sujeito vem falar na sua análise. Primeiro vem a fantasia, depois o sujeito faz o sintoma.

A partir de 1975, com o novo esquema borromeano, o Nome-do-Pai não é mais um significante. Há uma mudança grande, ele passa a ser um dizer. Desde "O aturdito", de 1973, o NP passa a ser situado como um dizer que nomeia e supõe uma existência. A função do pai concerne à castração. O lugar do pai na procriação é o efeito significante.

Ao reler Freud, Lacan imprime a marca de seu ensino. De início, recorre à linguística como fio condutor de suas formulações, para logo perceber que seu aforismo "'O inconsciente é estruturado como uma linguagem' é uma linguagem nos efeitos de *alingua*"[8]. Então, lança mão da topologia, dos matemas, baseados na hipótese de que algo se transmite de forma integral, para na sequência se interessar pela teoria

---

[8] LACAN, Jacques. *O Seminário, livro 20: Mais, ainda* (1972-73). Trad. M. D. Magno. Rio de Janeiro: Jorge Zahar Editor, 1985, p. 190.

do nó borromeano, exatamente no que tem de refratária a essa transmissão. Dessa forma, passa a enfocar a linguagem não mais pela via do sentido, da relação significante/significado, mas pela lógica própria ao significante, dirigida ao não-sentido, ao que escapa à simbolização, à letra, para demonstrar a relação entre significante e gozo.

No seminário *RSI*, Lacan retoma o texto de Freud "Inibição, sintoma e angústia", de 1926. Ele fala sobre os três termos defendendo que, se Freud estivesse vivo, os substituiria pelos utilizados por ele, Lacan: inibição por Imaginário, angústia por Real e sintoma por Real e Simbólico, ou seja, contemplando as duas vertentes, o Real (trauma) e o Simbólico (linguagem). Já na aula de 17 de dezembro de 1974, Lacan afirma que os termos "sintoma e angústia" são heterogêneos entre si com os termos "Imaginário, Real e Simbólico".

Na aula de 14 de janeiro de 1975, Lacan observa que Freud deixou uma armadilha que ele pôde distinguir: um nó com quatro termos, pois o sintoma e angústia são amarrados, segundo Freud, pela realidade psíquica. Lacan conseguiu descobrir a que se referia a realidade psíquica inventada por Freud: ao Complexo de Édipo, sem o qual os três registros ficariam soltos. A realidade psíquica é o que sustenta e amarra os três termos que Lacan consegue vislumbrar como sendo heterogêneos aos seus próprios: Real, Simbólico e Imaginário. Lacan diz também, em "A terceira" e no seminário *RSI*, que a realidade psíquica de Freud é o mesmo que o Complexo de Édipo, aquilo que ele, Lacan, ao resumir, nomeia de Nome-do-Pai com sua metáfora paterna. NP é o 4º anel, ou o elo, que amarra os três registros[9]. Afirma também que o gozo do Outro fica no campo da ex-sistência. Continua argumentando que Freud

---

[9] LACAN, Jacques. *Seminário 22: RSI*, (1974-75). Inédito. Aula de 11 de fevereiro de 1975.

não usou os mesmos termos por não ser lacaniano, mas que deixou uma armadilha que ele, Lacan, conseguiu desvendar, ou seja: vislumbrar, lendo nas entrelinhas[10].

Nesse seminário, Lacan passa a chamar o 4º elo que une os três registros não mais de Complexo de Édipo, mas de Nome-do-Pai, e acrescenta que são os Nomes-do-Pai que individualizam cada sujeito. Ele desenvolve a função de enlaçamento como sendo a que cabe ao *sinthoma* (usa a grafia do antigo francês), o 4º anel. A única garantia de sua função de pai é a função de *sinthoma*[11]. Na neurose, o *sinthoma* é a própria nomeação do NP, enquanto para os psicóticos pode ser outro elemento, como a escrita de Joyce. Afirma que é o Pai que instaura o laço entre o Simbólico, o Imaginário e o Real[12].

O mote deste livro que o leitor tem em mãos, que mostra a clínica psicanalítica hoje e fala sobre a política do psicanalista vem de uma referência utilizada por Lacan em 1953, que por sua vez ele tomou de empréstimo do tratado *Da guerra*, de Carl Von Clausewitz. Lacan utilizará a tática como a interpretação do psicanalista, a estratégia como um manejo da transferência e a política devendo basear-se na falta-a-ser. O sujeito é definido não pelo seu eu, mas por sua falta. É sobre essa base que Lacan faz as perguntas que se encontram em "A direção do tratamento e os princípios de seu poder"[13]. Às perguntas "afinal de contas, quem analisa hoje? É o ego ou o eu?", os psicanalistas diziam agir com seu ser, que na ocasião era designado por ego. Lacan indicará, ao contrário, que o psicanalista dirige a análise a partir da falta-a-ser que deve ser o cerne da "política da psicanálise".

---

[10] *Idem*. Aula de 14 de janeiro de 1975.
[11] *Idem*. Aula de 21 de janeiro de 1975.
[12] *Idem*. Aula de 11 de fevereiro de 1975.
[13] LACAN, Jacques. "A direção do tratamento e os princípios de seu poder". In: *Escritos*. Trad. Vera Ribeiro. Rio de Janeiro: Jorge Zahar Editor, 1998, p. 591.

Meu percurso na clínica do Real

O fazer do psicanalista se diversifica, segundo Lacan, a partir dessa prática de guerra. A transferência estaria do lado da estratégia, ou seja, dos combates sucessivos para conseguir o objetivo final, segundo a teoria de Clausewitz sobre a guerra. Na verdade, a transferência não é a estratégia do psicanalista, mas sim do analisante: situar-se como objeto amado do Outro. Sabemos que, frente a esta estratégia, o analista terá que estabelecer uma estratégia contrária a essa do analisante para fazer surgir o desejo como insatisfeito, impossível. As outras duas categorias da guerra, a tática e a política, estão do lado do psicanalista. A interpretação como a tática (o que é o ataque num combate) e a política (categoria soberana da guerra) foram colocadas por Lacan, em "A direção do tratamento..." como a política da falta-a-ser. Esses três aspectos estão, na verdade, articulados: uma é a estratégia do psicanalista frente à transferência (estratégia do analisante); a interpretação enquanto tática do psicanalista equivale efetivamente ao próprio desejo (o desejo é sua interpretação) e, por fim, a política da falta-a-ser mostra a estratégia do desejo. Podemos dizer que a interpretação vai combater o sintoma, e tomo aqui a interpretação como equívoco. Segundo Lacan, o equívoco é a única arma contra o sintoma. A falta-a-ser nada mais é do que a falta de um significante que venha pinçar o seu ser, esse significante que está ausente do Outro.

O significante da falta por excelência pode ser também uma maneira de depreender a fórmula lacaniana do que significa o desejo de Freud: "a relação sexual não existe" ou "não há relação sexual". Claro que Freud nunca disse isso, quem diz é Lacan. A política da falta-a-ser é a política de "não há relação sexual" que possa ser escrita, é o que emerge ali onde o sujeito faz haver a relação sexual, ou seja, ali onde o sujeito tenta tamponar a falta do Outro. Com o quê? Justamente com a fantasia. A fantasia é aquilo com o que o sujeito vem tamponar esta falta-a-ser, esta falta de um significante que escreva a relação entre os sexos. É igualmente com a fantasia que o sujeito propõe várias relações com o objeto. O que seria a estratégia do psicanalista em relação à transferência? É o ato. É o seu ato que o psicanalista contrapõe à estratégia do analisante, a da transferência, ao tentar escamotear com o amor o Real do gozo implicado naquele laço. É em torno dessas duas categorias, ato e interpretação, que giram o fazer do psicanalista tendo por política a falta-a-ser.

Em 1975, Lacan afirma que já faz algum tempo que o termo analisante, que proferiu em seu seminário, havia adquirido o direito de cidadania.

> Não somente na minha Escola [....] esse analisante produziu um efeito relâmpago. O Instituto de Psicanalítico de Paris gargarejou com esse analisante que lhe caiu como anel no dedo, nem que fosse somente para desincumbir o analista de ser responsável, se fosse o caso, da análise.[14]

Continua defendendo que o termo analisando, de origem inglesa, evoca aquele que está sendo analisado, "e isto não era o modo que eu queria dizer, o que eu queria dizer é que na análise quem trabalha é o sujeito que chega a dar forma de uma demanda de análise, na condição de que vocês não o tenham colocado de imediato ao divã"[15].

Sem mais delongas

É sobre todo esse caminho teórico que Freud e Lacan constroem e como o apliquei à minha clínica — e continuo aplicando — que versará esse livro.

---

[14] LACAN, Jacques. "Conferência em Genebra sobre o Sintoma (1975)". In: *Opção Lacaniana* n. 23, São Paulo, dezembro 1988, p. 7.
[15] *Idem, ibidem.*

Meu percurso na clínica do Real

Com enfoque nas apresentações e discussões de casos clínicos, a proposta de meu livro é debater alguns temas que se impõem à clínica de psicanálise, tais como demanda, desejo, manejo da transferência, diagnóstico e direção do tratamento. Após um preâmbulo, em que situarei meu entendimento sobre o desejo do analista, adentraremos a primeira e a segunda partes sobre "A transferência e a direção do tratamento" e "O materno, o feminino e a clínica com crianças".

Acerca do primeiro recorte, bastaria dizer que a transferência é o motor da análise. Na análise, a transferência é um elemento fundamental que implica a presença do psicanalista, ou seja, o desejo do psicanalista que está na causa da transferência. No que diz respeito ao materno e ao feminino, em Freud, a mulher é ligada a uma reivindicação fálica jamais satisfeita e a assunção da feminilidade coincide com a maternidade. Lacan destaca que o feminino não se deixa recobrir por inteiro pela mãe. O desejo de ter o falo e o desejo de ter um filho estão ligados à reivindicação fálica jamais satisfeita. A maternidade fornece ainda hoje significado e imagem pela via do fálico. A tentativa de alcançar o feminino na mãe continua a fracassar. A anatomia não define o masculino e o feminino. Eis o mínimo que se pode dizer sobre o alcance dessas questões.

Por alguns anos, o tema de meus seminários foi a clínica da psicanálise com crianças: "Os desafios da clínica com crianças". Considero-a difícil pois ela tem uma particularidade, que é a de ser preciso trabalhar a transferência com os pais. É preciso ouvir a criança para ver se ela faz sua própria demanda e, só assim, aceitá-la em análise. A criança tem seu próprio sintoma e sua fantasia, diferentes daqueles dos pais. Destaco dois casos que considero importantes da clínica com crianças, que não fizeram final de análise como dos adultos, entretanto chegaram à conclusão lógica de suas análises.

Na análise com crianças, sabemos, não há o encontro com o Outro sexo, porém é possível haver uma conclusão lógica. Na terceira parte entramos no "campo do gozo" ou "a clínica do Real". Freud, desde os "Estudos sobre a histeria", toma o ser (o sujeito) para afirmar que o masoquismo é originário em relação ao gozo. Neste ponto se dá o enodamento de Lacan a Freud. Lacan extrai a dimensão do Real do texto de Freud. O nó da psicanálise é aquilo que introduz o Real como tal. No seminário 17, *O avesso da psicanálise* (1969-70), Lacan introduz o campo do gozo ou a clínica do Real. Como sempre, se reporta a um texto de Freud; aqui, na terceira parte de seu ensino, ele parte do conceito de repetição do "Além do princípio do prazer", de 1920, e situa neste texto os conceitos de discursos e de campo de gozo. É a sua versão de "O mal-estar na civilização", de 1929, em que Freud afirma que o maior sofrimento é a relação com os outros homens, não o sintoma. Lacan irá trabalhar a clínica dos nós borromeanos deste momento até o final de seu ensino. O Real é uma estrutura de furo condicionada pela falta de um significante que inscreva o gozo do Outro sexo. É em consequência disso que não há a relação sexual.

Eis o desenho geral deste livro. Antes, porém, de entrarmos nos casos clínicos, gostaria de me deter um pouco sobre o que entendo por desejo do analista.

Para introduzir a clínica

Um tempo para a análise

A psicanálise começa com Freud apostando em um outro saber. Ele criou o termo psicanálise para designar um método de investigação dos processos inconscientes, muito embora não tenha sido o primeiro a usar o conceito de inconsciente. Em 1800, versão semântica do "inconsciente" foi criada por Ernest Platner. Ainda que na Viena do século XIX já se falasse de sexo e existissem sexólogos, os livros e trabalhos sobre o assunto eram voltados para o aspecto biológico da sexualidade. Nesse contexto, teorias e tratamentos propostos por Freud foram considerados controversos. Abordar a sexualidade infantil foi um ato de coragem de Freud e resultou em uma revolução: com o escrito freudiano, o estatuto das crianças como consideradas inocentes e seres sem maldades foi profundamente questionado. Ele afirmou que elas não eram inocentes, mas que sim, podiam ser maldosas — eram perversas polimorfas.

Freud funda o inconsciente, marcando o surgimento de um novo discurso que recoloca a questão do sujeito, do saber e da verdade. Ele anunciou que o inconsciente não conhece o tempo. Porém, sabemos que a prática da psicanálise precisa de tempo — a elaboração do inconsciente sob a transferência não poderia se dissociar dele. A duração de um processo analítico pode parecer longa. Freud — o primeiro psicanalista — já anunciava aos seus pacientes que o tratamento lhes exigiria muito tempo, meses de "sacrifícios". A questão do tempo, então, está posta desde a época do criador da psicanálise.

Por que o tempo de um processo analítico é longo, durando muitas vezes vários anos? Ele é assim pois a decifração pelo sujeito de sua própria história exige trabalho. Esse intervalo inclui também o tempo da associação livre, que sabemos não ser tão livre assim uma vez que é determinada pelos conteúdos inconscientes do sujeito. Igualmente, é preciso notar que, por mais que o analisante se ponha a falar, há mais um enunciado a ser dito e, ao mesmo tempo, sempre haverá o enunciado faltante. Embora o analista muitas vezes tenha a impressão de falar sempre a mesma coisa, a cada vez, na repetição, surge algo novo. A transferência como endereçada ao analista é uma relação ligada ao espaço, ao tempo e à época. O tempo tem um papel nessa importante relação e seu manejo é condição fundamental em uma psicanálise. Há o tempo que se abre, o tempo de espera, o tempo do começo que já determina o final do processo. E é o final que estrutura o tempo de todo o processo.

O analista e seu desejo

Em meados do século XX, Jacques Lacan se propôs a retomar a teoria freudiana desde seus princípios e, com base em seus estudos e prática clínica, foi capaz de fazer avançar a psicanálise. Dentre suas contribuições, está a que ele chama de sua invenção — o objeto *a*, o objeto perdido, causa da divisão do sujeito. Considera-se o objeto *a* um dos nomes do tempo da psicanálise. Objeto *a*, objeto perdido, objeto-tempo — tempo que se perde.

Para que o sujeito dedique tempo ao seu processo de cura é necessário que confie em seu analista; confie nele enquanto alguém que supõe saber de seu sintoma e de uma saída de sua condição de sofrimento. Essa suposição de saber se faz presente na transferência, elemento fundamental que implica a presença do analista — o suposto saber — que se dispõe a ouvir movido por seu desejo. O desejo do psicanalista está em função em uma análise. A posição do psicanalista deve ser a de fazer semblante de objeto *a*, apresentando-se ao sujeito como causa do desejo. É o desejo do psicanalista que está na causa da transferência, que está em função no processo analítico. Em sua função de fazer-se semblante de objeto *a*, semblante do objeto perdido, o analista se apresenta ao sujeito como causa de desejo. Assim, o psicanalista, nesta posição, oferece-se como ponto de mira para permitir a operação que segue em direção aos rastros do desejo de saber.

É o desejo do psicanalista enquanto causa da transferência que possibilitará o atravessamento das tapeações imaginárias. O psicanalista, como lugar-tenente da direção do tratamento, irá apontar à constituição do desejo ocupando o lugar de suporte de causa de desejo, sendo que este último se funda no impossível da causa. É preciso, no início de todo tratamento, que o analista se ofereça e faça semblante de Sujeito suposto Saber na transferência. A análise de transferência conduz à queda do Sujeito suposto Saber (SsS), colocando assim o sujeito nas mãos de sua própria verdade inconsciente, essa, um outro saber a ser produzido, particular, que porta o ponto da certeza da causa do desejo. É o analista que proporciona o acesso à verdade para, depois, sair desta posição reduzindo-se à função de causa, ou seja, de objeto *a*. Com o estabelecimento da transferência começa uma longa caminhada que, governada pelo objeto, realiza a construção que é fundamental na análise.

Em análise, o sujeito sempre demanda algo, uma resposta a seu desejo, que é o desejo do Outro. Na verdade, é o desejo de desejo — portanto, desejo de nada. O produto do desejo do sujeito pelo desejo do Outro só pode dar-se na falta. Na psicanálise, o trabalho vai do nível da demanda até o ponto no qual emerge a relação do sujeito com o desejo do Outro. O psicanalista deverá fazer com que a demanda, sempre incestuosa, se transforme em desejo. O que o sujeito demanda é algo que ele não consegue traduzir em palavras, simplesmente porque as palavras não podem dizer tudo. Fica-se, então, na dimensão do equívoco causado pelo próprio significante, que sempre significa outra coisa. Sendo o resultado desse círculo vicioso, a frustração da demanda.

O que o sujeito demanda na relação transferencial? A demanda é sempre demanda de amor, demanda de ser amado. O analisante coloca o analista neste lugar de Outro do amor. O psicanalista não responde ao "*che vuoi?*"[1], em nome do que o sujeito quer sacrificar seu ser para atender o desejo do Outro. Não responde pois visa a sua própria queda como objeto do analisante. O que opera na cura é o desejo do psicanalista, não como desejo do Outro, mas como desejo de saber e de obter a diferença máxima entre o mestre (S_1) e o saber (S_2) para que algo de Real possa emergir.

A partir do dispositivo da análise, a transferência, estabelece-se uma dialética entre o Sujeito suposto Saber como estrutura imaginária, e o Real, que deve operar a partir do desejo do analista. Esta dialética configura-se em três planos, que Lacan diferencia da seguinte forma: política, estratégia e tática, como já vimos.

---

[1] Expressão italiana utilizada por Lacan, extraída da novela *O diabo apaixonado*, de Jacques Cazotte, que se traduz literalmente por "O que queres?".

O analista é o Sujeito suposto Saber por ser o sujeito do desejo. Se a demanda é sempre de amor, o efeito da transferência é o amor. Segundo Freud, ele é o ponto de referência no campo do narcisismo. Amar é querer ser amado. Trata-se do amor em sua função de tapeação, um efeito de transferência enquanto tendo uma outra face: a de resistência. Este efeito de transferência fecha o sujeito no efeito de tapeação, afirma o laço do desejo do psicanalista com o desejo do analisante para, em um momento posterior, restar apenas o desejo do analisante.

Durante o processo de análise, o analista está (ou pelo menos deve estar) situado em algum lugar do A, o Grande Outro. Ele não deve entrar no acoplamento da resistência, não deve falar a partir de *a*, pois, se o fizer, será no sujeito que ele se verá. Ele deverá fazer o papel de morto para evitar ser pego na relação imaginária que dificulta a passagem da fala do analisante. Assim, ele permitirá a passagem do discurso ao S_1.

Teoricamente, então, podemos dizer que a posição dita do psicanalista é a do lugar do objeto *a* que se apresenta para o sujeito como causa de seu desejo. O psicanalista, no entanto, vai fazer semblante deste objeto, oferecendo-se como ponto de mira para essa operação, porque o sujeito da psicanálise envereda pelo desejo de saber.

Dizer que a direção do tratamento da psicanálise é determinada pelo desejo do psicanalista significa que a psicanálise nos mostra que o sujeito se constitui no campo do Outro, é efeito do significante cuja estrutura funda-se na função de corte. Essa incidência significante coloca, por outro lado, a questão do Real que pulsa. É pela via dessa dialética que o desejo se articula. O significante não dá conta desse Real por não poder dizer o Outro sexo.

O que se repete na transferência é algo da *tiquê*, isto é, algo que é faltoso do encontro com o sexo. O ato psicanalítico é uma resposta a esta estrutura, algo que escapa à dimensão interpretativa. É dissimulação pois na verdade não é falho, sendo, pelo contrário, bem-sucedido.

O ato psicanalítico é da ordem do *afazer*, é da ordem do trabalho, pois quem trabalha é o analisante. Não há sujeito, ele se opõe ao SsS. Este não vai operar nem na posição de sujeito, nem na de Sujeito suposto Saber. O ato é sempre um ato de fundação, porque ele caracteriza um início de ser psicanalista. Ele responde ao que faz o psicanalista: o ato psicanalítico. O ato psicanalítico vai, ao final de análise, tornar o analisante psicanalista e é aí, segundo Lacan, que ele se torna psicanalista. O ato psicanalítico é algo que escapa, que não se prepara — é da ordem do "eu não penso". O sujeito chega: "eu não penso". É a transferência que vai transformar o sujeito "eu não penso" em sujeito que "pensa", que possibilitará esta passagem. O ato psicanalítico faz surgir o objeto.

Podemos ver o que nos mostra a psicanálise: o sujeito se constitui no campo do Outro, é efeito do significante cuja estrutura se funda na função de corte — topologicamente, de borda. Essa incidência significante coloca, por outro lado, a questão do Real (fora do significante) que pulsa. É pela via dessa dialética que o desejo se articula. São os processos de alienação e separação que colocam em evidência esse paradoxo, ou seja, a problemática do ser. O ser se opõe ao sujeito, e fica fora da possibilidade do pensamento, está articulado à lacuna aberta no Outro pelos efeitos do significante. É desse Real do corpo que o significante não dá conta, já que não se pode dizer o Outro sexo. A disjunção entre pensamento e ser se verifica na operação de alienação. Há um golpe letal ao ser via alienação, o qual coloca o sujeito na oscilação permanente entre significantes, buscando algo para detê-lo nesse deslizamento infinito da cadeia. Isto que resta perdido para sempre é parte de *non sens* instaurado pela própria mortificação significante. Assim, o ser não encontra seu sentido a não ser no *non sens* e o sentido jamais se completa, pois é atingido por essa falta na sua origem.

A falta-a-ser própria da alienação é reencontrada na operação de separação. É nessa operação que intervém a instância de castração, a qual implica no recobrimento de duas falhas: a do Outro, que o sujeito encontra nos intervalos do seu discurso, hiância na qual a pergunta sobre o desejo deste Outro emerge; e a do sujeito, no confronto com a possibilidade de perda como objeto deste Outro.

A operação de separação recoloca a questão do ser: é nesse momento que o sujeito neurótico muda sua posição, cessando a vacilação significante e vindo articular-se a um significante único que implicará a detenção do deslizamento significante. Esse processo de alienação e separação é repetido várias vezes pelo sujeito na análise. É o tempo de castração, momento lógico fundamental que permitirá o desvelamento dos enganos da demanda até a verdade do Real da pulsão, ao contornar-se o objeto produzindo, nesse trajeto, o esvaziamento dos ideais. A verdade pulsional revelada é a do objeto que virá no lugar da causa.

A condução da análise é determinada pelo desejo do psicanalista. Este é um desejo advertido da impossibilidade do encontro com o objeto, sendo que este desejo não pode desejar o impossível, que é fazer retornar o que se demanda na transferência à sua origem pulsional. O psicanalista deve atravessar a experiência psicanalítica para poder operar com o desejo como função, ou seja, não com seus valores ou ideais.

A direção do tratamento na psicanálise é determinada pelo desejo do psicanalista, que coloca a causa em questão. Aqui também há um poder da causa, que impõe ao psicanalista esta responsabilidade.

O desejo do psicanalista não pode ser tomado como o desejo puro de morte encarnado por Antígona. No entanto, podemos considerar esta personagem como o paradigma do confronto com o ser, questão ética fundamental na sustentação do desejo[2]: o ser daquele que viveu esse corte que Antígona fez vigorar, ela enquanto limite onde a morte é causa de desejo, que seria o cumprimento do desejo puro[3]. A "segunda morte" de que fala Lacan é a que coloca as questões do ser para a morte, que é o indicador da entrada do ser na ordem significante, este que estabelece por essa condição a causa, ou seja, o Real do ser. O desejo não pode ser encarnado como desejo puro de morte, como o de Antígona, mas é precisamente onde a função de corte toma seu estatuto, articulando-se à lei. Neste sentido, a lei relaciona-se ao desejo.

O que interessa na direção do tratamento é saber de onde o analista o dirige, constituindo um vetor no tempo, cujo fim está antecipado desde o início. Repito: a condução do tratamento na análise é determinada pelo desejo do analista, que coloca a causa em questão. Aqui também há um poder: poder da causa, que impõe ao analista a responsabilidade por seu ato. Como diz Lacan: "O analista é ainda menos livre na sua política"[4], pois paga com o seu ser o que não há de liberdade em seu ato.

O desejo do psicanalista é aquele que possibilitará ao analisante utilizar-se dele, do psicanalista que se coloca como causa do desejo. Em outras palavras, ele deve vir no lugar do Outro barrado (A̶), sem, no entanto, ter de reproduzir este lugar de desejo do Outro, sendo que os significantes da

---

[2] LACAN, Jacques. *O Seminário, livro 7: A ética da psicanálise* (1959-60). Tradução de Antonio Quinet. Rio de Janeiro: Jorge Zahar Editor, 1991, p. 317.

[3] LACAN, Jacques. *O Seminário, livro 11: Os quatro conceitos fundamentais da psicanálise* (1964). Tradução de M. D. Magno. Rio de Janeiro: Jorge Zahar Editor, 1988, p. 260.

[4] LACAN, Jacques. "A direção do tratamento e os princípios de seu poder" (1958). In: *Escritos*. Tradução de Vera Ribeiro. Rio de Janeiro: Jorge Zahar Editor, 1998, p. 595.

interpretação verdadeira não deverão ser significantes do Outro, mas vir onde o Outro falta, S(A).

A partir daí, podemos dizer que a transferência é a colocação do inconsciente em ato. A interpretação deve incidir sobre a causa do desejo, sobre isto que se denomina o objeto *a*. Por conta disso, é necessário que o psicanalista opere de acordo com o seu desejo, de forma que possa, pelo seu ato, fazer emergir este sujeito que faz o recorte, que se presentifica em ato — o inconsciente, o sujeito do desejo.

O psicanalista deve vir situar-se, portanto, no lugar do morto, como semblante de objeto *a*, para que o sujeito busque alhures a ordenação de seu gozo e para que seja evocado o que ex-siste ao dito, aquilo que faz surpresa, o seu texto original inscrito nesta língua morta — *alíngua* —, mas que não cessa de tentar inscrever, e que ao mesmo tempo revela a causa em que este sujeito da interpretação se encerra.

Eu disse há pouco que a condução da análise é determinada pelo desejo do psicanalista, que é um desejo a-visado, advertido da impossibilidade do encontro com o objeto. No seminário da *Ética*, Lacan assinala que este desejo não é da ordem do impossível, pois trata-se de fazer retornar o que se demanda na transferência à sua origem pulsional. O psicanalista deve atravessar a experiência psicanalítica para poder operar com o seu desejo como função. Nesse sentido, toda análise é didática e seu fim é a passagem do analisante a psicanalista.

A política da psicanálise

A clínica psicanalítica de hoje, com sua ética, sua práxis e sua política, é norteada por Freud e Lacan. Não há psicanálise sem os dois grandes mestres da mesma forma que não há clínica sem ética e não há psicanálise sem política. A política da psicanálise é a falta-a-ser. Para que essa política aconteça, o psicanalista precisa assumir o compromisso de ir até o final de sua análise. Torna-se fundamental que ele chegue ao final de sua análise para, assim, permitir que seus analisantes façam o mesmo, também avancem até o fim de suas análises. A política da falta-a-ser é a política de "não há relação sexual", onde se põe escrito a tentativa que o sujeito faz de fazer existir a "relação sexual que não há", onde ele tenta tamponar a falta do Outro com a fantasia. A fantasia é o que o sujeito usa para obturar, tampar essa falta que é estrutural, que é a falta de um significante que escreva a relação entre os sexos. É com a fantasia que o sujeito propõe várias relações com o objeto.

A estratégia do psicanalista em relação à transferência é o ato. É com seu ato que o psicanalista irá contrapor a estratégia do analisante de tentar escamotear na transferência, com amor, o Real do gozo implicado naquele laço. É em torno dessas duas categorias, o ato e a interpretação, que giram o fazer do psicanalista tendo como política a falta-a-ser. Podemos dizer que a interpretação é o ato que vai combater o sintoma. Em uma das últimas referências, Lacan afirma que a interpretação incide como equívoco, e articula que o equívoco é a única arma contra o sintoma. A interpretação pode então ser compreendida como a tática, ou seja, como um ataque num combate. Sabemos que quem interpreta é o inconsciente. Freud já falava, com relação ao sonho, que quem interpreta é o próprio sonhador. Segundo ele, o conteúdo latente do sonho nada mais é que o conteúdo manifesto. É preciso a presença do psicanalista para fazer existir o inconsciente e, assim, ir contra ele, o que é um paradoxo. A interpretação (ato) do psicanalista ao construir, leva a desconstruir. O sentido é aquilo que está sempre escapando. A interpretação visa o enigma, aponta para o não-sentido. O que faz alguém um psicanalista, está articulado com aquilo que o psicanalista faz, que é o *a-fazer* do psicanalista, que traz em si a equivocidade própria de sua ação — a equivocidade que é própria do significante. Quanto à política da falta-a-ser, Lacan defende que ela pode ser escrita de diferentes maneiras, já que a falta-a-ser não se escreve. É a falta-a-ser de um significante que venha pinçar o seu ser — justamente este significante que está ausente no Outro. Significante da falta por excelência e que também pode ser um modo de depreender, segundo a fórmula lacaniana do que significa o desejo de Freud e que é: "a relação sexual não existe" ou "não há relação sexual". Como eu já disse acima, a política da falta-a-ser é a política de "não há relação sexual" que possa ser escrita. O que o sujeito contrapõe a isso tentando fazer existir a relação sexual, que não há? A fantasia: é com ela que o sujeito vem tamponar a falta do Outro, esta falta de um significante que escreva a relação entre os sexos. E a estratégia do psicanalista em relação a transferência do analisante, é o ato. É o objeto *a*. É com seu ato que o psicanalista se contrapõe à estratégia do analisante — a da transferência — a tentar escamotear, com o amor, o real do gozo implicado naquele laço. É em torno destas duas categorias: ato e interpretação que giram o fazer do psicanalista tendo, como política, a falta-a-ser.

Em seu texto de 1958, "A direção do tratamento e os princípios de seu poder", Lacan afirma que a política é situada como princípio fundamental da direção da cura na clínica com os neuróticos. Numa formulação bastante conhecida, ele diz que o "analista é ainda menos livre naquilo que domina a estratégica e a tática, ou seja, em sua política, onde ele faria melhor se situando em sua falta-a-ser do que em seu ser"[5]. Essa política se encontra presente nas sessões de análises de uma experiência levada até o final. Ainda nesse texto,

---

[5] LACAN, Jacques. "A direção do tratamento e os princípios de seu poder". In: *Escritos*. Trad. Vera Ribeiro. Rio de Janeiro: Jorge Zahar Editor, 1998, p. 596.

Psicanálise em teoria e prática

ele evidencia o desejo do psicanalista procurando avançar na construção dos princípios éticos que norteiam a política na práxis psicanalítica. Isso encontrará uma elaboração culminante no seminário 14, *A lógica da fantasia*, no qual Lacan não afirmará que a política é o inconsciente, mas sim que o inconsciente é a política[6].

No seminário 7, *A ética da psicanálise*, Lacan apreende a noção de práxis com o propósito de se referir aos princípios éticos da psicanálise em suas relações com a política na direção da cura. Neste mesmo seminário, ele articula a práxis da psicanálise ao Real[7]. A psicanálise é a única práxis que é orientada para aquilo que, no cerne da experiência, é o núcleo do Real. A noção de práxis se refere a uma ação que possui um fim que inclui a ética e a política da psicanálise. Portanto a análise é definida por sua política não por suas táticas. O dispositivo é o desejo do psicanalista, podendo haver mudanças, mas a política de uma análise não pode ceder do seu desejo, ou seja, o psicanalista não pode ceder de seu desejo. O desejo do psicanalista é o cerne da direção da cura.

A ética da psicanálise vai contra o sentido de todo esse discurso que é a convergência da ciência e do capitalismo, uma vez que sua ética é a da diferença absoluta. Isso não significa "cada um com seu gozo", mas quer dizer que há o gozo de cada um, que não pode ser comum a todos os outros. Isso é a diferença absoluta. Lacan afirma também que o desejo do psicanalista não é um "desejo puro"[8]. É um desejo de obter a diferença absoluta, aquela que intervém quando, confrontado com o significante primordial, o sujeito vem

---

[6] LACAN, Jacques. *Seminário 14: A lógica da fantasia* (1966-67). Inédito.
[7] LACAN, Jacques. *O Seminário, livro 7: A ética da psicanálise* (1959-60). Tradução de Antonio Quinet. Rio de Janeiro: Jorge Zahar Editor, 1991, p. 31-32.
[8] LACAN, Jacques. *O Seminário, livro 11: Os quatro conceitos fundamentais da psicanálise*. Trad. M. D. Magno. Rio de Janeiro: Jorge Zahar Editor, 1988, p. 260.

pela primeira vez, à posição de se assujeitar a ele. Só aí pode surgir a significação de um amor sem limite, porque fora dos limites da lei — é somente aí que ele pode advir[9]. Lacan também indaga isso para o desejo do psicanalista. A ética da psicanálise vai contra o sentido de todo esse discurso que é a convergência da ciência e do capitalismo. A ética da psicanálise é a ética do bem dizer, ou seja, é a palavra que produz um efeito operatório no tratamento. Cada interpretação reconduz o sujeito à escolha do seu desejo e de seus modos de gozo, levando em conta que a ética da psicanálise é manter a estrutura do inconsciente.

Como sabemos, na primeira metade do século XX, Freud inaugurou a psicanálise. De fato, ele é pai da psicanálise. Freud que inventou o discurso do psicanalista e inaugurou o discurso da histérica. Sabe-se que o sujeito histérico expôs seu exercício do inconsciente e os enigmas de um corpo, que Freud leu como obra de linguagem. Linguagem em seus efeitos de fragmentação de um gozo sentido no corpo ao tratar da impotência do saber que a histérica produz para tocar algo de sua própria causa libidinal.

Sejam quais forem as formas clínicas de mal-estar com que os sujeitos chegam ao psicanalista, formas cada vez mais afastadas das neuroses clássicas descritas por Freud, sempre comprovamos que a condição prévia para que a psicanálise possa incidir em um sujeito é sua histerização, isto é, a constituição de um sintoma que implique o sujeito em sua particularidade, e que se conecte com seu inconsciente pela via da palavra.

Diante dos efeitos do discurso do mestre, nós podemos nos orientar pela elaboração de Lacan depois de formalizar,

---

[9] LACAN, Jacques. *O Seminário, livro 7: A ética da psicanálise* (1959-60). Tradução de Antonio Quinet. Rio de Janeiro: Jorge Zahar Editor, 1991, p. 260.

as estruturas dos quatro discursos: discurso do mestre, discurso do universitário, discurso da histérica e discurso do psicanalista e os giros de regressão e de progressão que provocam a passagem de um ao outro, pois esclarecem como o discurso do psicanalista não pode mudar nada diretamente de outro discurso. Somente a partir da impotência e da impossibilidade específicas de cada um deles pode se dar uma "revolução" — que não passa de uma troca de modo de impotência[10].

Em 1958, Lacan afirma que a política da psicanálise é o que determina os fins da ação do psicanalista e do tratamento psicanalítico — deles, o psicanalista não pode ceder. Verificamos também que essa noção orienta a ação do psicanalista em direção a outros sentidos que a política pode ter em relação à psicanálise, o que poderia ser expresso nesses termos: O psicanalista cura não com seu ser, mas com sua falta-a-ser. Essa falta-a-ser significa que o psicanalista não atua em direção à identificação, mas justamente no sentido contrário, escutando e indagando os significantes trazidos, que serviram como ponto de identificação ao analisante. A psicanálise trabalha contra as identificações, ou seja, a psicanálise é operativa, sua finalidade é recusar o discurso do mestre e ir na direção do desejo que não pode se firmar pelo Outro. Pensar nos fins é pensar em uma ética. A psicanálise é uma prática do campo da fala e da linguagem.

Em seu seminário sobre a *Ética*, Lacan levanta a questão sobre o saber e quais as consequências gerais da hipótese do inconsciente sobre a ética, uma vez que essa hipótese leva o analista a tomar o sujeito como um vazio, uma interrogação. Observa-se que há uma política em psicanálise, articulada

---

[10] Cf. LACAN, Jacque. *O Seminário, livro 17: O avesso da psicanálise* (1969-70). Trad. Ari Roitman e Antonio Quinet. Rio de Janeiro: Jorge Zahar, 1992.

pelos fins éticos. Lacan defende que o psicanalista não pode ceder em relação à ética da psicanálise: o psicanalista não pode ceder em relação ao seu desejo. A psicanálise implica em uma ação e um discurso, um laço social em que as relações sejam arranjadas e pensadas de maneira diferente daquela da busca ou da oferta da felicidade. É pela teoria posterior dos discursos que se tornou explícita a maneira pela qual se pode reaver a política: a direção da psicanálise com seus fins comandados por uma política que coordena um modo de laço social. No seminário 17, *O avesso da psicanálise*, Lacan articula os quatros discursos e afirma que o discurso do psicanalista é o avesso do discurso do mestre. No seminário 20, *Mais, ainda*, ele segue seu desenvolvimento sobre a ética, avançando mais um pouco: consegue extrair e levantar as consequências da política da psicanálise orientadas por uma ética singular e evidencia que, se há uma ética que não é da felicidade, se há um discurso que não é o do mestre, podemos ter, em termos lógicos, uma ruptura entre ações e os modos dos laços sociais: "Os fatos de que lhes falo são fatos de discurso, de discurso do qual solicitamos, na análise, uma saída, em nome de quê — de se largarem os outros discursos."[11] Para a psicanálise a ética, afirma Lacan, é a ética do desejo. Sempre se deseja o que é da ordem do impossível e também se deseja tornar possíveis os ideais tidos como impossíveis. Portanto a política da psicanálise é a política da falta-a-ser, a do mais-de-gozar e a do não-todo fálico.

---

[11] LACAN, Jacques. *O Seminário, livro 20: Mais, ainda* (1972-73). Trad. M. D. Magno. Rio de Janeiro: Jorge Zahar Editor, 1985, p. 20.

parte 1

A transferência e a direção do tratamento

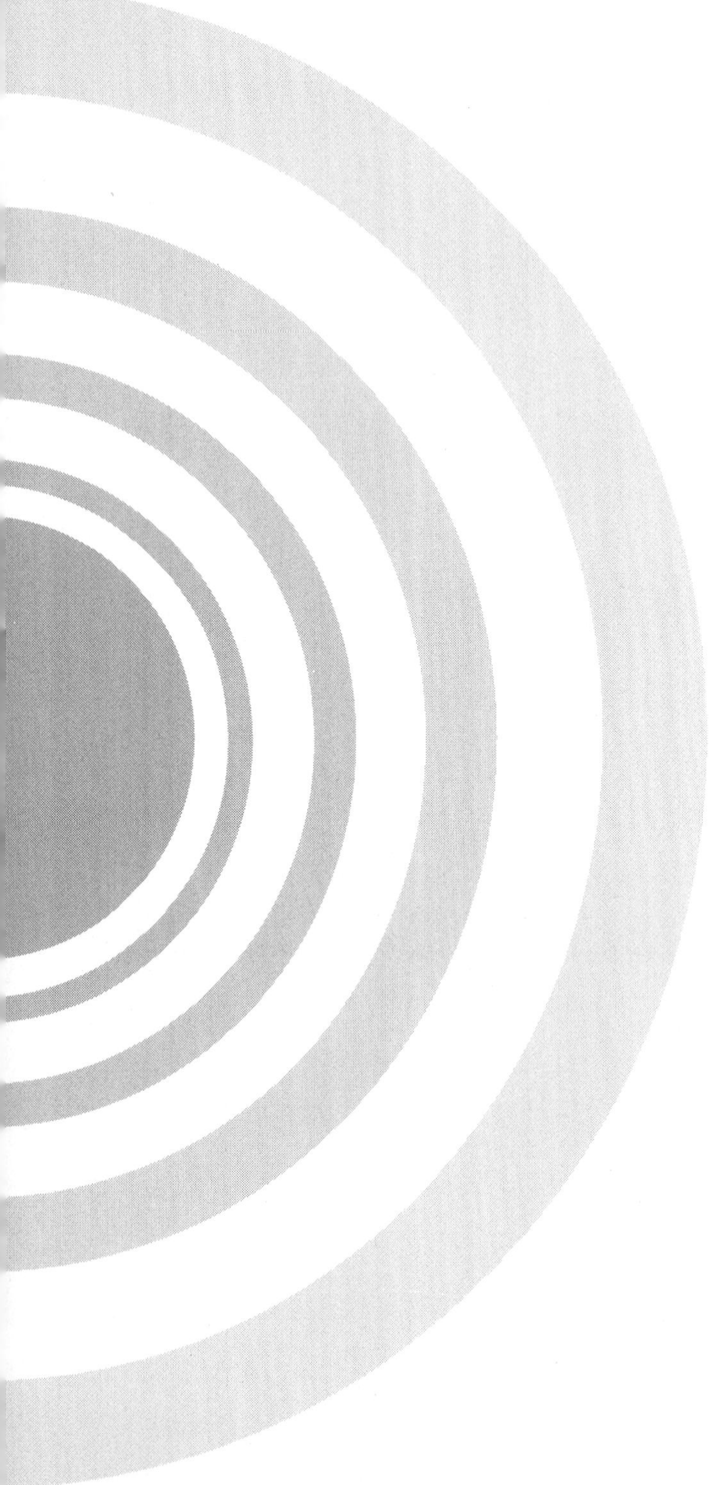

"Por que sempre me interesso por homens comprometidos?"

Encaminhada por uma colega, logo ao chegar, uma mulher se queixa de muito sofrimento por suas escolhas amorosas: "Sempre me interesso por homem comprometido, noivo ou casado; se for desimpedido eu não quero. E dos encontros, só há desencontros porque como já existe a oficial, e eu sou sempre a outra, sou deixada de lado, como sempre aconteceu na minha vida."

Nova e bonita, essa mulher se sente "fracassada no amor e na vida profissional. Nunca dá certo, sempre a escolha errada". Ainda nas primeiras entrevistas, conta que pediu a uma amiga que lhe indicasse uma analista mulher, inteligente e bem-sucedida. Declara que, desde a primeira entrevista, constatou que a amiga atendera à sua solicitação. Percebemos que o significante da transferência "a deixada de lado" se dirige ao significante qualquer do analista, "mulher inteligente e bem-sucedida".

A analisanda conta que, até determinada fase de sua vida, teve uma infância alegre, pais dedicados, bonitos e inteligentes, mas que sentia que ficava sempre entre as duas irmãs (era a do meio), era a "deixada de lado". A mais velha era a queridinha da mamãe e a caçula, a lindinha do papai. Ela era "o recheio". Ainda criança, descobriu um fato que a surpreendeu e decepcionou, a partir das muitas discussões entre os pais presenciadas por ela. Ela tomava o partido do pai e, por conta disso, sua mãe brigava com ela, acusando-a de injusta e interesseira. O pai tinha sido um conquistador quando jovem e a mãe, quando descobriu que era enganada, preferiu fazer de conta que nada sabia para manter as aparências de um casamento feliz, perfeito, para toda a família e os amigos. Mais tarde, o pai se tornou um homem doente, quieto, e dormia em quarto separado da mãe, que vivia insatisfeita, mas seguia firme com o casamento. Bia cresceu, formou-se em jornalismo, fez pós-graduação e conseguiu um emprego que não a satisfazia — queria mais.

Após faltar a duas sessões, chega dizendo: "Não aguento mais sofrer. Vou parar com minha análise porque só venho aqui para sofrer. Só saio daqui angustiada, sofrendo. Vim aqui só para lhe dizer isto." A psicanalista respondeu com o silêncio. Desde a última sessão, havia percebido que não tinha escutado este sujeito como deveria, que o desejo de conduzir aquela análise havia sido um desejo da própria psicanalista e não aquele desejo avisado. Neste momento, causada pelo desejo, percebe a possibilidade de resgatar seu lugar do psicanalista. A posição do psicanalista deve ser a de fazer semblante de objeto a^1, apresentando-se ao sujeito como causa do desejo. O psicanalista, nesta posição, se oferece como ponto de mira para permitir a operação que segue em direção dos rastros do desejo de saber.

"Se você quiser continuar repetindo e sofrendo a vida inteira, então, não volte mais aqui. Agora, se você quiser parar

---

[1] LACAN, Jacques. *O Seminário, livro 20: Mais, ainda* (1972-73). Trad. M. D. Magno. Rio de Janeiro: Jorge Zahar Editor, 1985, p. 129.

"Por que sempre me interesso por homens comprometidos?"

de repetir, mesmo sofrendo por um determinado tempo, volte que eu estarei esperando. A escolha é sua."

Bia volta na sessão seguinte: "Aconteceu uma coisa horrível comigo nesta viagem aí, falei com minhas amigas que estava ansiosa para vir embora e contar para você, que é a minha analista." A psicanalista respondeu com o silêncio. É possível dizer que o silêncio da psicanalista provocou o desejo do sujeito falar, de saber. A analisante relata o ocorrido e conclui: "Não aguento mais continuar com estas repetições, só me envolvo com homens comprometidos. Parece que existe uma coisa puxando. Começo sem saber, quando vejo, é casado, noivo ou tem namorada séria. Se é desimpedido, eu não tenho interesse, não gosto. Como no caso que lhe falei da viagem com aquele rapaz. Não quis porque, se é livre, desimpedido, é como se eu estivesse fazendo uma coisa errada. Acho que gosto de arriscar, gosto de coisas difíceis e complicadas. Queria parar com isto e não consigo. Sou sempre a outra. Parece que sofro e gosto disso ao mesmo tempo. O que faço? Não aguento mais."

Foi neste momento que a psicanalista se levantou e interveio, causada pelo desejo — desta vez pelo desejo advertido. A analisante se deteve e em seguida disse: "Eu quero vir... Não sei o porquê, quando estou longe de você eu não quero mais voltar aqui para não sofrer, mas quando estou aqui perto de você e a olho, como agora, eu tenho vontade de ficar aqui para sempre, junto de você. Eu quero continuar. Você não vai desistir de mim, não é?". E a análise continua. Parece possível dizer que Bia permitiu que seu inconsciente continuasse a trabalhar.

Um dia, ela chega muito feliz na sessão da análise: "Você não acredita no que aconteceu! Milagre? Ou fruto da nossa análise? Nesse passeio que fiz naquela cidade que fica na serra, vi um homem lindo. Ele me olhou com aqueles olhos verdes lindos! E eu o olhei com meus olhos azuis que dizem serem lindos! Nossos olhares se cruzaram. Ele chegou e disse: 'Olá! Você é muito linda!'. Eu fiquei muda. Em seguida, pensei: 'Podia ser descomprometido! Meu sonho.' Conversando com ele, fiquei sabendo que o homem dos meus sonhos chegou! Descomprometido. Solteiro, lindo. Estamos já apaixonados, amor à primeira vista." O romance começou, criou laços e frutificou.

A psicanálise nos mostra, há mais de um século, a comprovação do laço entre o sintoma, inconsciente e a história familiar. A partir de suas queixas, o neurótico traz seu pai, sua mãe e sua família para a análise. Seu drama é falado no divã. Com sua escuta, Freud descobriu que essa fala estava atrelada a sintomas cifrados no inconsciente. Podemos nos remeter, por exemplo, a dois casos clássicos de Freud: Dora e o Homem dos Ratos. Dora traz as queixas de seu pai. O pai de Dora deseja a Sra. K, o marido dessa deseja Dora, que é filha de seu grande amigo. O Homem dos Ratos, por sua vez, conta que seu pai abandona a mulher pobre que amava e desejava para casar-se com uma mulher rica, devido às muitas dívidas contraídas.

Escutamos que os sujeitos neuróticos, tanto os do tempo de Freud, do passado, assim como os atuais, continuam trazendo em suas falas seus pais e seus parentes, ou seja, trazem para suas análises seus "romances familiares", como defende Freud, o que Lacan trata em seu artigo sobre os "complexos familiares"[2]. Em algum lugar, Colette Soler diz que o sintoma sexual histérico é sempre três: a histeria, o outro e o sintoma do outro. Vemos aqui, outra forma de manter unidos os corpos de maneira invisível.

---

[2] LACAN, Jacques. "Os complexos familiares na formação do indivíduo". In: *Outros escritos*. Trad. Vera Ribeiro. Rio de Janeiro: Jorge Zahar Editor, 2003, p. 29-90.

"Por que sempre me interesso por homens comprometidos?"

 A analisante, depois de um prolongado trabalho de análise, queixando-se da insatisfação no emprego, dos encontros amorosos malsucedidos, desejando mais, bem como à procura do homem de seus sonhos, livre, descompromissado, em cuja relação houvesse amor e desejo entre ambos, conseguiu sucesso na vida profissional e pessoal. Participou de um concurso difícil para uma vaga importante de jornalismo na capital do país e foi selecionada — conquistou o primeiro lugar. O significante da transferência — que ela trouxe nas entrevistas preliminares, "a deixada de lado", significante que bem fica demonstrado no seu drama familiar — é abandonado. O significante da transferência anunciado no início do tratamento, "inteligente e bem-sucedida", toma outro lugar. Ela conquista uma posição de destaque profissional, evidenciando que o significante qualquer era seu próprio desejo, que só pôde ser alcançado em um percurso de análise bem orientado, trabalhado e levado sob a direção do psicanalista, com seu desejo acautelado.

"Ou o amor ou o sexo"

O trabalho foi realizado com um sujeito de 27 anos, Sol, que chega à análise queixando-se de suas relações com os homens: sente-se sempre dividida entre o objeto de amor e o objeto sexual. Como se trata de um caso de uma mulher obsessiva, o tema da morte do pai está presente e evoca angústia e culpa. Este sujeito se sente impossibilitado de unir o amor e o sexo em um só parceiro. Está sempre às voltas com a questão: "ou o amor ou o sexo". Há angústia e culpa em relação ao pai que tentou matá-la. Tudo em torno da morte do pai provoca culpa. Na relação com os homens, ela divide o objeto de amor e o objeto sexual. A partir daí, temos o caso do sujeito obsessivo em relação de amor e ódio com o pai. A analisanda não consegue unir num só homem o amor e o sexo. Está sempre dividida. Quando encontra um homem que é objeto de seu amor, não consegue desejar e fazer sexo com ele; quando encontra um homem que não ama, gosta de sexo entre os dois. Completa: "O pior é que eu não consigo ficar sem sexo." Não consegue ficar mais de dois dias com um homem porque cansa, fica impaciente, aflita para se livrar dele. De suas relações marcadas por encontros e desencontros, diz "procuro um homem em que possa unir o amor e o sexo. E não consigo encontrar".

Sol é a mais velha de duas irmãs. Diz amar muito sua irmã. Segundo ela, tem uma boa relação com a mãe, não consegue

"Ou o amor ou o sexo"

contrariá-la, contestá-la. Por sua vez, a relação com o pai sempre foi conturbada, de enfrentamento. Os pais brigavam muito. Relata vários episódios de brigas. Conta que, quando tinha uns 10 anos, o pai tentou matá-la com uma faca de cozinha porque ela o contestava. Ela precisou correr e se fechar no banheiro. Afirma que desejava muito a morte do pai porque ao mesmo tempo em que o amava, ela o odiava — os dois se enfrentavam porque eram muito parecidos.

Sol insistia com a mãe para se separar do pai devido às brigas frequentes. Um dia a mãe cria coragem e se separa. Logo em seguida, assume o relacionamento com um ex-cunhado, causando revolta do marido. As confusões com namorados "malucos" eram constantes e a mãe a convenceu de terminar a faculdade em outra cidade.

O pai sempre pedia para buscá-la para passar o dia juntos, ao que a mãe a convencia de não sair, para evitar que ele tentasse matá-la de novo. Isso até que, um dia, Sol resolve aceitar. O pai a busca de carro e ela decide ter uma conversa séria com ele. Após alguns poucos encontros e a reconciliação com o pai, recebe a notícia de que ele havia sofrido um enfarto e morrera.

A partir daí, iniciam-se "crises de ansiedades e de pânicos", segundo ela, que a levam a ser internada várias vezes. Apesar de a mãe aconselhá-la a se tratar com um psicanalista, ela se recusava, até que uma amiga a incentiva a ligar para a sua analista. A colega literalmente a leva na primeira entrevista e permanece na sala de espera aguardando, como garantia de a amiga "não fugir" e aceitar se tratar.

As "crises de ansiedades e pânicos", como eram diagnosticadas, eram culpa e angústia desencadeadas após a morte do pai. Pai odiado e amado. Pai que a tentou matar. Pai cuja morte ela desejou tantas vezes. Eis que, de repente, este pai morre enfartado enquanto ela residia em outra cidade. Isso ocorreu justamente quando Sol tinha resolvido ter outra relação com o genitor. Ela, porém, não teve tempo. A morte veio realizar seu desejo em relação ao pai, o de morte do pai. O pai morto provoca culpa e angústia no sujeito.

Sonho das meias sujas, encardidas

Eis um sonho narrado pela analisanda: encontra-se numa casa muito suja, que deveria limpar. De repente, anda pela rua de pijama. Vai a uma praia e se deita numa pedra, os pés ficam balançando, soltos. Olhava o sol. E depara-se com a analista, com o olhar que a olha, que se mistura com o olhar do pai. Com os pés balançando, olha e vê que está com as meias sujas e encardidas.

Segundo Freud, os sonhos são curtos, insuficientes e lacônicos em comparação com a gama de riqueza dos pensamentos oníricos[1]. Se um sonho manifesto for escrito, talvez ocupe meia página, ao passo que as associações decorrentes se desdobram extensamente. Freud afirma que as vias associativas levam um elemento do sonho a vários pensamentos do sonho e de um pensamento do sonho a vários elementos deste último.

O relato do sonho em uma análise, o modo como o analista vai receber este sonho, é uma interpretação do desejo. Segundo Freud, a interpretação destaca, a partir do relato feito pelo sonhador (o conteúdo manifesto), o sentido do sonho. Este se formula no conteúdo latente a que levam as associações livres. O objetivo da interpretação é o desejo inconsciente e a fantasia em que este toma corpo. No entanto, a interpretação não é reservada somente aos sonhos, que são da ordem do inconsciente, mas também

---

[1] Cf. FREUD, Sigmund. "A interpretação dos sonhos" (1900). In: *Edição Standard Brasileira das Obras Psicológicas Completas de Sigmund Freud*, vol. IV. Rio de janeiro: Imago, 1980.

às outras manifestações do inconsciente, como o ato falho, o chiste e o sintoma. Freud afirma que o mais difícil numa psicanálise é o manejo da transferência, não a interpretação, sendo a transferência elemento fundamental no processo. O conjunto das formações inconscientes pode ser interpretado, pois esconde um sentido latente, o qual surge também das entrelinhas dos discursos e constitui uma das principais contribuições à teoria do sujeito, como uma das formas do manejo da direção da análise pelo psicanalista. O sonho é a expressão do desejo, assim como as outras formações do inconsciente.

O sujeito continua: "Estranho! O que eu estava fazendo numa praia de pijama e com as meias sujas? Será que estou num lugar errado com as roupas erradas? O que eu estava fazendo ali? De pijama na praia está errado, não é? Não consigo pensar em nada." A analista, seguindo Freud, repete: "Casa suja, precisando limpar! Pijamas e meias encardidas numa praia." Sol observa: "Algo está errado no sonho. Pijama e meias sujas, casa suja. Detesto sujeira, limpo a casa o tempo todo quando estou em casa. Tenho de limpar, tirar qualquer sujeira, não consigo parar de limpar. Pijama na praia com meias sujas e encardidas leva a algo errado, negativo, sujo, mas o quê? Você com o olhar do meu pai. Acho que tem alguma coisa a ver com meu pai. Será que é por causa do meu pai que sou assim? Acho que não superei o problema com ele. Não penso em ter filho. Penso que, se eu engravidar, eu vou entrar em pânico, porque o pai do meu filho pode ser sujo, mau como meu pai, mesmo se no início for bonzinho. Criar um vínculo eterno com uma pessoa, para quê? Ligo logo ao meu pai problemático, mau, doido."

E quanto ao olhar da analista misturado com o olhar do pai? Recorda-se do olhar de espanto do pai antes da separação. Quando Sol já estava com 20 anos, num momento em que o pai agride a mãe, ela o empurra escada abaixo. O pai a olha espantado e pergunta: "Como você teve coragem de fazer isso com o seu pai, que a ama? E dizer que você também me ama." Ela grita: "Eu o odeio, quero que você morra. Nunca mais quero vê-lo." Sol pega a mãe e a irmã, leva-as para a casa de uma tia. Obriga a mãe a se separar do pai. Nesta ocasião, já morava em outra cidade. Recorda que aquele olhar que aparece no sonho é o mesmo olhar do pai que a olha, surpreso, após a queda, ao levantar-se aturdido da escada. O sujeito pergunta de quem é aquele olhar, da analista ou do pai?

O olhar não é um olhar visto. Como afirma Lacan, ao citar Sartre: "O olhar se vê. Esse olhar de modo algum é o olhar visto, mas um olhar imaginado no campo do Outro"[2].

Segundo Antonio Quinet, o "olhar é o objeto *a* que a pulsão escópica contorna. É o objeto cortado do corpo do Outro ao nível do olho, sua fonte é o olhar que o sujeito teria um dia encontrado e logo perdido. O olhar da mãe, perdido desde sempre, e no lugar do qual a pulsão encontrará objetos substitutos para se satisfazer sem jamais reencontrá-lo"[3].

No caso em questão, trata-se do olhar do pai, que o sujeito reencontra no Real.

Vieram lembranças de cenas do pai chegando de madrugada bêbado e vomitando no banheiro do lado do seu quarto, não na suíte dele com a mãe, onde só entrava depois. O pai vinha de encontros com outras mulheres. Com a mãe, ele não tinha vida sexual. Afirma: "Meu pai gostava de mulheres da rua sujas como ele. Ele gostava de sexo sujo." Continua: "Então, meias sujas, encardidas remetem a sexo sujo de meu pai, agora sei." A analista interrompe a sessão.

---

[2] LACAN, Jacques. *O Seminário, livro 11: Os quatro conceitos fundamentais da psicanálise.* Trad. M. D. Magno. Rio de Janeiro: Jorge Zahar Editor, 1988, p. 84.
[3] QUINET, Antonio. *Um olhar a mais: ver e ser visto.* Rio de Janeiro: Jorge Zahar Editor, 2002, p. 83.

"Ou o amor ou o sexo"

Nas sessões seguintes, lembra-se de que a mãe lhe contara que, quando Sol era bebê, numa das brigas do casal, o pai a pegou pelos pés no alto de uma janela e ameaçou jogá-la lá embaixo. Pergunta à analista: "Por que ela me contou? Não deveria nunca ter me contado. Meu pai era doido, nojento, sujo. Por que o olhar do pai aparece no sonho misturado com o seu? Meu pai tinha várias mulheres, vida sexual suja, porque sexo fora do casamento é sujo. Acho que as meias sujas e encardidas têm a ver com sexo sujo. O sexo de meu pai com muitas mulheres enquanto era casado com minha mãe, era sexo sujo, repugnante, nojento. Sexo fora da relação do casamento está ligado à traição. Com minha mãe ele não tinha vida sexual, o que seria certo no casamento."
Relata sua relação com um namorado casado, que acaba deixando. Ela o amava, mas sentia-se suja, nojenta, errada, porque ele era casado, traía a mulher. Tinha "crises de ansiedades". "Agora sei o motivo: era porque meu pai fazia o mesmo, sexo fora do casamento, errado e sujo. Eu não quis mais e sofri porque o amava." Por isso, não conseguia unir o amor ao sexo. Por isso tantos encontros e desencontros.
O amor é um semblante que se constitui como o verdadeiro laço social. A mitologia sobre Eros trata o tema do amor como uma ficção na qual o ser humano teria perdido uma de suas metades e viveria a procurá-la para formar um todo. Freud afirma que o "ser humano" busca amar e ser amado na esperança de encontrar a felicidade, que a perda do amor para a mulher ou do objeto de amor para o homem constitui uma das fontes de infelicidade e desamparo[4].
Já para Lacan, amar é dar o que não se tem. Segundo ele, as mulheres ensinam sobre esta questão na demanda ao

---

[4] FREUD, Sigmund. "O mal-estar na civilização" (1930 [1929]). In: *Edição Standard Brasileira das Obras Psicológicas Completas de Sigmund Freud*, vol. XXI. Rio de Janeiro: Imago, 1980, p. 100.

parceiro para declararem em palavras o seu amor por elas. Para amar é preciso falar e é através da fala que nos deparamos com a falta-a-ser. Na visão de Lacan esta é a forma que o neurótico encontra de fazer amor, ou de fazer toda sorte de coisas que se parecem com amor. Se Lacan parece hesitar em dar a essa relação que o sujeito pode ter com o objeto de fantasma o nome de amor, é porque, nela, o que se constitui é muito mais uma forma de gozo do que propriamente uma relação de amor. O fantasma é essa tentativa de gozar com o corpo do Outro, ou seja, esta parte perdida de si mesmo, o objeto *a*. Não há relação com o Outro, o gozo só tem relação consigo mesmo.

O amor, ao contrário, se dirige ao Outro que não existe. Há o falo, o significante universal do gozo, que pode se escrever. Não há um significante do Outro gozo, essa parte perdida a que o amor vem fazer semblante. O amor vem aí, tal como o sintoma, para fazer suplência, para fazer metáfora, para substituir uma insatisfação. O sintoma vem suprir a falta que é estrutural na tentativa de fazer existir a relação sexual, que não existe. Não podemos substituir, efetivamente, o significante que falta, o significante feminino, que não existe, o significante d'A Mulher. O amor faz semblante de que é possível a união, de que é possível achar a parte perdida do gozo — mas o amor fracassa.

O desencontro se sustenta na esperança de um encontro com Outro, que seria todo, lançando o sujeito no registro da impossibilidade que resulta da tentativa de fazer com que a relação sexual exista.

A paciente, de início, sempre sustentava uma dúvida atroz: "Será que vai dar certo? E se não der certo? O que eu faço?".

À medida que a análise avança, ela opera uma mudança naquilo que revestia de amor: o encontro com o parceiro. A análise muda as condições de amor. E uma mulher, por

"Ou o amor ou o sexo"

exemplo, se está pronta para a relação com um homem, pode desde então não se acomodar mais no mesmo tipo de saber, de sintoma, que produzia: ela pode querer outra coisa, pois o analista é aquele que, ao colocar o objeto *a* no lugar do semblante, está na posição mais conveniente para fazer o que é justo: interrogar como saber o que é da verdade.

"Minha vida está vazia, sem sentido"[1]

Sublimação e recalque

Quando Freud escreve o segundo ensaio sobre a teoria da sexualidade, a respeito da sexualidade infantil, ao tratar da pulsão escópica, destaca a relação entre a pulsão de ver-ser-visto e as perversões correspondentes: escopofilia (voyeurismo) e exibicionismo. Nessa oportunidade, diz ele que a pulsão escópica tende a transformar-se em desejo de saber — *Wisstrieb* —, nomeando "sublimação" o mecanismo desta transformação. A sublimação é, então, definida como uma transformação da finalidade da pulsão, que antes era escópica e, depois, se torna desejo de saber; antes era curiosidade de ver-ser-visto e, depois, se torna saber.

Há um outro destino da pulsão que Freud evoca neste texto, o qual não incide sobre a finalidade, mas sobre o impulso — o *Drang* — da pulsão, e que consiste em reprimir,

---

[1] Esse texto foi apresentado na jornada da Escola Brasileira de Psicanálise, Seção-Rio, "Os destinos da pulsão", em 1997 e publicado no livro do encontro. Cf. RIBEIRO, M. A. (org.). *Os destinos da pulsão*. Rio de Janeiro: Kalimeros, 1997, p. 359-363. [Nota da editora: o texto sofreu modificações para a presente edição.]

em recalcar o impulso da pulsão. Trata-se da *Verdrängung*, do recalcamento. Tomemos o mesmo exemplo da pulsão escópica que utilizamos para definir a sublimação. A partir de determinado momento, a criança descobre o sentimento de vergonha em relação ao ver-ser-visto, sentimento que não existia antes. Por exemplo, estava acostumada a ficar despida diante dos adultos, mas, a partir de um determinado momento, não quer mais exibir-se assim; este é um exemplo considerado apenas no nível do comportamento, isto é, no nível imaginário, pois poderíamos considerá-lo também no nível verbal, no nível simbólico.

Dizemos então que, a partir da introdução do sentimento de vergonha, a pulsão escópica, o desejo de ver-se-visto, será recalcado, aparecendo apenas de forma indireta, retórica, disfarçada ou deformada; enfim, simbolizada.

Poderíamos supor que tenha ocorrido alguma circunstância peculiar, alguma contingência que levou o prazer de ver-ser-visto a transformar-se em desprazer e que o recalque do impulso escopofílico tenha como resultado a formação do sintoma.

O termo sublimação aparece pela primeira vez na obra de Freud em 1887 numa carta a Fliess. É retomado em 1905 em dois textos: no "Caso Dora" e nos "Três ensaios sobre a teoria da sexualidade". Neste último, Freud desenvolve o conceito de sublimação. Ele inicia argumentando que a pulsão sexual tem um alvo e um objeto. É na menção aos desvios referentes ao alvo que Freud introduz o conceito de sublimação: defende que a pulsão pode encontrar obstáculos para a sua satisfação. Ela é levada, então, a formar novos alvos, assim como a contentar-se em tocar e olhar o objeto sexual. Da mesma forma, Freud acrescenta, numa outra direção, que a curiosidade pode se transformar no sentido da arte (sublimação), quando o interesse não está mais direcionado às partes genitais, mas estende-se ao todo do corpo.

No texto "Pulsões e destinos da pulsão", Freud afirma que a sublimação constitui um dos destinos da pulsão[2]. Há outros, como o recalcamento, responsável pela formação dos sintomas. É importante enfatizar que por meio da sublimação, a pulsão encontra uma satisfação diferente da que poderia ser encontrada por ações que são consideradas suas metas originárias (no caso sexual), o que permite que a sua relação com o Outro, enquanto determinada pela falta, possa ser suportada. A pulsão aspira contornar o objeto para elidi-lo, evitar o confronto com ele e, assim, a percepção da falta. Ao contornar o objeto, a pulsão consegue torná-lo presente. Neste sentido, a sublimação é mais eficaz porque ela faz aparecer o vazio.

Um relato de caso

"Minha vida está vazia, sem sentido!"

É assim que o sujeito se apresenta após ter conhecido uma mulher jovem e virgem. A relação com esta mulher acontece sob uma condição: permanecer virgem. Assim, torna-se impossível gozar deste objeto, sendo deste modo que esta mulher causa seu desejo. Com a esposa, sucede o contrário: ela se oferece como objeto de amor, mas ele não a deseja. Assim, não pode gozar desse objeto.

Temos aí a forma de expressão da divisão subjetiva na dimensão do amor. Um homem dividido entre duas mulheres com as quais não pode gozar, seja porque uma quer ser santa, isto é, não quer gozar, seja porque a outra quer ser puta, isto é, gozar.

---

[2] FREUD, Sigmund. "Pulsões e destinos da pulsão" (1915). In: *Edições Standard das Obras Completas de Sigmund Freud*. Rio de Janeiro: Imago editora, 1980, p. 147.

"Minha vida está vazia, sem sentido"

O problema da divisão subjetiva estaria facilmente solucionado se ele fizesse a escolha da mulher que quer gozar, mas não é esta a que ele deseja; a mulher que ele verdadeiramente deseja é a que quer permanecer virgem, isto é, a que não quer gozar. A ironia consiste no fato de que um homem possui duas mulheres e, no entanto, continua insatisfeito. Por isso, conclui: "Minha vida está vazia, sem sentido." Sem sentido sexual, valeria a pena acrescentar, dado que a insatisfação neste caso diz respeito ao gozo sexual.

Contudo, eu gostaria de deslocar o destaque da insatisfação do desejo neste caso para a impossibilidade da escolha do objeto, pois me parece que o sentimento de vazio do qual este sujeito se queixa diz respeito à impossibilidade de decidir claramente acerca da escolha do objeto de amor. Creio que se trata aí da dúvida sistemática, metódica, estrutural do sujeito, que se exprime na vida amorosa como impossibilidade de decidir entre a virgem santa ou a mulher puta, ou seja, a divisão subjetiva se exprimindo na divisão do objeto de amor.

Podemos verificar neste caso em questão que se trata de um sujeito obsessivo, dividido entre dois objetos: o objeto de amor e o objeto de desejo sexual. O pensar é próprio do sujeito obsessivo e o define. Lacan observa que o obsessivo é "muito essencialmente alguém que é *penso*. Ele é *penso* avaramente. Ele é *penso* em circuito fechado. Ele é *penso* para si mesmo"[3]. Ele faz um curto-circuito para anular o Outro do desejo e o que pensa se fecha no curto-circuito pulsional no qual ele mesmo é o objeto. Trata-se de uma forma de gozo. É deste modo que o sujeito obsessivo dá a ver o funcionamento

---

[3] LACAN, Jacques. "Conferência em Genebra sobre o sintoma (1975)". In: *Opção Lacaniana* n. 23, São Paulo, dezembro 1988, p. 14.

de seu inconsciente. A obsessão como sintoma é o modo de gozar para um sujeito cuja dúvida e incerteza impedem seu ato, que é sempre adiado, para depois, para amanhã. É preciso que o gozo passe do pensamento para o ato, ou seja, que o ato substitua o pensamento.

Esta disjunção — ou a santa ou a puta, ou a virgem ou a que goza — repercute em um sonho no qual ele se encontra em uma estrada e, em determinado trecho, aparece uma encruzilhada; de um lado está a esposa e do outro, a psicanalista; uma pode gozar e a outra não pode. A outra é um objeto intocável — acredito que é assim que se constitui o psicanalista como objeto causa de desejo, constituição essencial para o estabelecimento do discurso do analista na experiência psicanalítica.

Sublimação e perversão

É possível dizermos que os destinos da pulsão aqui considerados — sublimação e recalque — são distintos, dado que incidem sobre diferentes termos da pulsão — a finalidade e o impulso — e ocasionam resultados diversos — perversão ou neurose.

O caso acima narrado permite suscitar a discussão dos conceitos de sintoma e recalque, de sublimação e perversão, sobretudo se consideramos o texto freudiano de 1915 sobre os destinos da pulsão. Lá, a pulsão é parcial, composta de quatro termos e quatro destinos. Cada destino corresponde a um termo. Assim, à fonte da pulsão corresponde à inversão do sujeito ao objeto; ao objeto da pulsão corresponde a reversão ao seu oposto; ao impulso da pulsão corresponde o recalque e à finalidade da pulsão corresponde a sublimação.

Os diferentes destinos da pulsão desenvolvidos no texto de 1915 mostram que não podemos encontrar a pulsão em lugar adequado: a pulsão toma um destino, uma vicissitude, justamente porque não tem destino certo. São quatro os destinos da pulsão, sendo que os dois primeiros (reversão a seu oposto e retorno ao próprio eu) traçam a via pulsional como submetida a uma lógica de lugares estabelecidos pela gramática em função da sintaxe. Sujeito, objeto, ativo, passivo e reflexivo são referências nas quais Freud se pauta para estudar a pulsão, tomando-a por dois ângulos em que pode ser vislumbrada: o inconsciente. A tese de Lacan de que o inconsciente é estruturado como uma linguagem esclarece que o *falasser* está entre dois lugares e que o campo do pulsional se constitui de modo simultâneo ao campo do Outro.

O caso do sujeito aqui parece poder ilustrar esta conclusão, uma vez que, tendo desfeito a relação com uma mulher virgem, passou a cortejar uma colegial também virgem. Parece possível dizer que vai se configurando um traço de perversão de natureza escopofílica em um sujeito neurótico obsessivo, vai se constituindo o modo de gozo particular a este sujeito, que vou me permitir chamar de "gozar das virgens". O modo particular de gozo desse sujeito consiste em cortejar uma mulher impossível de ser tocada, uma mulher para ser apenas vista ou exibida. Ele vai até a escola da colegial e a acompanha até a sua casa. Evidentemente, ele tenta racionalizar isso atribuindo à sua amizade pela menina uma natureza paternal.

Em "Conferências introdutórias à psicanálise"[4], Freud discorre acerca de "O sentido dos sintomas" e "O caminho da formação dos sintomas." Ele percorre um caminho que vai do sintoma ao sentido do sintoma, assim como do sintoma à sua satisfação, traçando uma via pulsional que conduz do sentido à satisfação libidinal, tendo como causa uma

---

[4] FREUD, Sigmund. "Conferências introdutórias da psicanálise" (1917 [1916]). In: *Edições Standard das Obras Completas de Sigmund Freud*, vol. XVI. Rio de Janeiro: Imago editora, 1980, p. 147.

fantasia inconsciente recalcada. O sintoma freudiano é o resultado de um circuito libidinal onde aparecem a pulsão e o desejo. A pulsão pode ser lida como cadeia significante e o desejo, como significado dessa cadeia, de forma que o circuito pulsional possa ser conectado ao circuito.

Podemos verificar que, nessa perspectiva, o sintoma está entre o semblante e o Real, onde o semblante poderia tocar o Real. Se distinguirmos o sentido do Real, o sintoma poderia estar mais para o lado do Real da experiência psicanalítica do que do lado do sentido, pois o sentido poderá vir despercebido numa enunciação repetitiva como no caso em questão: "Minha vida está vazia, sem sentido." O sintoma opõe-se ao sentido comum. Lacan mais uma vez afirmou que não há sentido comum do sintoma neurótico: para ele neurótico está, ao menos parcialmente, retirado do sentido comum.

No seminário 7, *A ética da psicanálise*, a sublimação é definida por Lacan como a elevação do objeto à dignidade da Coisa[5]. Podemos pensar em como a sublimação tem implícito, nessa operação de gozo, um novo destino da pulsão. No mesmo seminário, Lacan já estabelece a função paterna como sublimação, e precisa que a função paterna eleva à dignidade da Coisa. Ele o articula sobre a sublimação, mas é no final do seu ensino que perceberá que o produto da sublimação funciona como o quarto anel, como o *sinthoma*.

A sublimação também se apresenta como saída do impasse do paradoxo da fantasia, busca encobrir a relação sexual que não há. Em Lacan, a sublimação é um tratamento de gozo que permite ao sujeito, a partir da repetição, avançar até o limiar, ainda que não o atravesse. O proceder está relacionado à sua possibilidade de prescindir do recalque, o que

---

[5] LACAN, Jacques. *O Seminário, livro 7: A ética da psicanálise*. Trad. Antonio Quinet. Rio de Janeiro: Jorge Zahar Editor, 2008, p. 137.

o diferencia do sintoma. A sublimação retorna posteriormente nos seminários lacanianos, articulando a não relação sexual como possibilidade privilegiada na perversão, o que deixa claro seu estatuto de gozo mortífero na medida em que se refere ao vazio. Lacan propõe uma articulação com a psicose, com o *sinthoma* e liga a sublimação ao final de análise e ao ato psicanalítico[6].

Com o conceito de pulsão, Freud buscou apontar o que está para além da representação, onde se situa a pulsão de morte. Segundo o autor, as manifestações da pulsão de morte dependem da vinculação a representantes para se fazer presentes no psiquismo. Podemos observar que o nó que entrelaça as pulsões, em Freud, parece apontar para a proposta elaborada por Lacan nos anos 1970, utilizando a estrutura do nó borromeano para dar conta de falar da constituição do sujeito. Neste nó, três anéis se entrelaçam de forma que, se um for cortado, os três se desfazem. Esses anéis vêm formar os três registros: o Simbólico, o Imaginário e o Real. "Temos a possibilidade de amarrar os três anéis com o *sinthoma*, como o quarto anel" e desta forma, os anéis não se desfazem[7].

A representação pré-consciente de Freud separa-se por completo do gozo do Outro, enquanto parassexuado; gozo para o homem da suposta mulher e, inversamente, para a mulher (que temos de supor, já que A Mulher não existe), gozo do homem que, ele mesmo, é todo gozo fálico. Esse gozo do Outro, parassexuado, não existe, não poderia mesmo existir senão por intermédio da fala — fala de amor. Isto é, notadamente, o mais paradoxal e mais surpreendente, e é completamente sensível e compreensível que é aí que se produz o gozo do Outro, o que mostra que tanto o gozo fálico

---

[6] Cf. "Nota passo a passo. In: LACAN, Jacques. *O Seminário, livro 23: O sinthoma*. Trad. Sérgio Laia. Rio de Janeiro: Jorge Zahar Editor, 2007, p. 208.
[7] *Idem*, p. 21.

é fora do corpo quanto o gozo do Outro é fora da linguagem, fora do Simbólico.

É unicamente a partir do momento em que se capta o que há — como dizer — de mais vivo ou de mais morto na linguagem, ou seja, a letra, que temos acesso ao Real[8]. Portanto, o que chamamos de gozo sexual é marcado pela impossibilidade de estabelecer esse único UM da relação sexual. No final do seminário 23, *O sinthoma*, Miller faz uma "Nota Passo a Passo" para aproximar sublimação de *sinthoma* e de final de análise. Observa que o *sinthoma*, em sua estrutura Real, nomeado "o masdaquino", "é o *sinthoma* elevado ao semblante, é o *sinthoma* que se tornou manequim, e velado por sublimações disponíveis na loja de acessórios: o ser esplendor, o verdadeiro, o bom e o belo"[9]. E continua explicando que o recurso de elevação próprio à sublimação, como operação ascensional, era sempre nomeado por Lacan com o termo hegeliano *Aufhebung* (anulação, revogação, abolição).

Para concluir

Parece possível dizer que a satisfação pulsional compensa aquilo que a promessa de amor tem de frustrante e que a divisão subjetiva corresponda à divisão do desejo e do gozo. Digamos que o sujeito do caso em questão desejava um objeto de amor impossível e gozava de exibir esse objeto ao olhar do Outro. É desse modo que ele exprimia a sua divisão subjetiva. Ademais, com o avançar da análise, o sujeito resolve mudar de estratégia para exibir "as jovens virgens

---

[8] Cf. LACAN, Jacques. "A terceira". In: LACAN, J.; MILLER, J-A. *A terceira — Teoria de lalíngua*. Trad. Teresinha N. Meirelles do Prado. Rio de Janeiro: Zahar, 2022.
[9] "Nota passo a passo. In: LACAN, Jacques. *O Seminário, livro 23: O sinthoma*. Trad. Sérgio Laia. Rio de Janeiro: Jorge Zahar Editor, 2007, p. 208.

ao olhar do Outro": monta um curso para preparar jovens para ingressarem no colégio militar, em vez de exibir as jovens ao olhar do Outro acompanhando-as até em casa, o que defendia dizendo se tratar de um sentimento paternal. Diante disso, ele fica com a esposa como objeto de amor e sexual e o curso de preparação para jovens. É desse modo que a divisão do sujeito permanece. Seu sintoma continua: "gozar das virgens". No curso, passou a exibir as jovens de outra forma. Assim, dirigiu o gozo ao curso onde estavam as jovens colegiais "virgens" e ficou com um resto de gozo. Podemos dizer que, apesar de haver avançado e vislumbrar o final de sua análise, esse sujeito ainda precisa de mais trabalho, pois atravessar uma análise implica reduzir o sintoma ao *sinthoma* irredutível, supra de gozo.

"O que faço para me interessar por uma mulher?"

Sedução, trauma e o Real

A palavra "sedução" remete à ideia de uma cena sexual em que um sujeito, em geral adulto, vale-se de seu poder real ou imaginário para abusar de outro sujeito colocado em posição passiva, geralmente uma criança ou mulher. A sedução tem o significado de um ato baseado na violência moral e física que se acha no cerne da relação entre o algoz e a vítima, o dominador e o dominado. Foi a partir deste conceito e ouvindo suas histéricas que Freud construiu a "teoria da sedução" na qual a neurose teria como origem um abuso sexual real[1].

Após o abandono da teoria da sedução e a publicação da "Interpretação dos sonhos", em 1900, Freud reconheceu o conflito psíquico inconsciente como a principal causa da histeria e afirmou que as histéricas não mais sofriam de reminiscências, como nos "Estudos sobre a histeria", mas de fantasias. Mesmo se na infância houvessem sofrido

---

[1] FREUD, Sigmund. "Novos comentários sobre neuropsicoses de defesa". In: *Edições Standard das Obras Completas de Sigmund Freud,* vol. III. Rio de Janeiro: Imago editora, 1980, p. 188.

"O que faço para me interessar por uma mulher?"

abusos ou violências, o trauma já não servia como explicação exclusiva sobre a questão da sexualidade. Ao lado da realidade material, existe uma realidade psíquica igualmente importante em relação à história do sujeito. Da mesma forma, a conversão deveria ser encarada como um modo de realização do desejo, sempre insatisfeito.

Freud avança e causa escândalo na época com os "Três ensaios da teoria da sexualidade", de 1905, ao afirmar que, ao contrário do que se acredita, a criança não é um ser ingênuo e sem maldade, um anjinho, mas é capaz de todo tipo de transgressões: que ela seduz o adulto, tem uma sexualidade e essa sexualidade é perversa (Freud a descreve como "perversa polimorfa"), mas que esta não deve ser confundida com a perversão do adulto. Observa, pelas atividades infantis, que a criança gosta de se exibir, ficar olhando, é *voyeurista*, gosta de chupar, tem uma atividade sadomasoquista, uma atividade anal. O que se encontra na infância é o mesmo que se manifesta no inconsciente dos neuróticos e na perversão no adulto.

Desde a infância é feita a escolha de um objeto sexual. Antes, parecera a Freud que essa escolha seria característica da puberdade, feita em dois tempos, separados pelo período da latência que representa uma vivência de observação e experiência. Nesse período, a sexualidade infantil com a disposição perverso-polimorfa cede ao recalcamento. O processo de recalque ocorre porque a sexualidade infantil não consegue obter plena satisfação.

No "Projeto para uma psicologia científica", de 1895, e em "Além do princípio do prazer", de 1920, Freud observa que convém distinguir desprazer e tensão e que existem tensões agradáveis. Ele encontra dificuldades em estabelecer uma equivalência entre estados quantitativos e qualitativos. Afirma que, em sonhos, o sujeito traz temas traumáticos, "reminiscências" de acontecimentos infantis carregados de sofrimentos, recordações da infância que se repetem, e discorre também sobre um destino que se repete em família.

Através da experiência do *Fort-Da*, Freud acompanha o brincar de uma criança (seu neto) que faz aparecer e desaparecer um carretel na busca da satisfação do desejo inconsciente de repetir, com insistência, a ausência e presença da mãe. O ritmo de dois sons acompanha o aparecimento e o desaparecimento da figura materna[2]. A criança, através da linguagem, simboliza a perda e o retorno da mãe. Freud observa que essa perda é emitida com maior satisfação do que o retorno. Há, na repetição da linguagem, um gozo com a perda e o aparecimento do objeto desejado. Esse jogo tem um alcance simbólico maior do que a ideia de dominar a tristeza e a emoção da perda. Em lugar de diminuir a tensão, o jogo faz ressurgir incessantemente a oposição de fonemas. Assim, Freud introduz o conceito da "compulsão à repetição" vinculada à pulsão de morte, e segue desenvolvendo-a até o final de sua obra.

Na 33ª das "Novas conferências introdutórias sobre psicanálise", sobre a "A feminilidade", Freud comenta que o sujeito repete o que o faz sofrer na tentativa de ficar em outra posição, de passar da submissão à posição de dominador. O sujeito pode dominar a cena daquilo que lhe foi traumático. Como no jogo do carretel, é a criança que esconde e traz a mãe, ou seja, a mãe aparece e desaparece quando ela própria determina. A criança domina o jogo simbólico. Podemos dizer que há um gozo nessa repetição, uma satisfação desprazerosa, prazer na dor, no sofrimento, no ato violento sofrido, no encontro traumático com o sexo.

Freud se pergunta: será que os sujeitos escolhem repetir a experiência traumática, diferentemente do momento

---

[2] FREUD, Sigmund. "Além do princípio do prazer" (1920). In: *Edições Standard das Obras Completas de Sigmund Freud,* vol. XVIII. Rio de Janeiro: Imago editora, 1980.

"O que faço para me interessar por uma mulher?"

vivenciado, da violência sexual sofrida, da submissão? Se for uma escolha, é o próprio sujeito que determina o seu destino. Há situações que são desfeitas, mas, depois, surge uma pulsão para recriá-las, uma compulsão à repetição que vence o princípio do prazer. "Há pessoas que são perseguidas pelo destino implacável, elas próprias causam a si mesmas esse destino."[3] A experiência ensina que o sujeito sempre retorna ao que lhe foi traumático, que reaparece com insistência, muitas vezes de forma velada.

Lacan, em *Os quatros conceitos fundamentais da psicanálise*, indica que o trauma se relaciona com a "função da *tiquê*, do Real como encontro — o encontro enquanto que podendo faltar, enquanto que essencialmente é encontro faltoso [...] — a [forma] do traumatismo"[4]. Há um encontro marcado com o Real ao qual o sujeito é sempre chamado, um encontro faltoso, da ordem do acaso. Isso porque não há relação sexual entre os sexos, pois falta um significante. Só há o significante fálico. O Real está além do *autômaton*, do retorno, da insistência dos signos, da volta comandada pelo princípio do prazer. Freud havia interrogado o que vem primeiro, o Real (sintoma) que está por trás da fantasia ou a própria fantasia. Concluíra que, diante do Real impossível de suportar, o sujeito constrói a fantasia e cria o sintoma.

"Às escondidas"

Tom, de 22 anos, soube que uma amiga fazia análise e procurou a mesma analista "escondido", pois não queria que a

---

[3] FREUD, Sigmund. "Novas conferências introdutórias sobre psicanálise: A Feminilidade" (1933[1932]). In: *Edições Standard das Obras Completas de Sigmund Freud*, vol. XXII. Rio de Janeiro: Imago editora, 1980, p. 161.
[4] LACAN, Jacques. *O Seminário, livro 11: Os quatro conceitos fundamentais da psicanálise*. Trad. M. D. Magno. Rio de Janeiro: Jorge Zahar Editor, 1988, p. 57.

amiga soubesse. Chegou se queixando do sofrimento sentido pela sua preferência por homens mais velhos como parceiros sexuais. Sentia vergonha e medo de ser "descoberto", tentava parar e não conseguia. Na sua história familiar, há uma série de repetições, de geração a geração, de algo "escondido". Possuía um bom emprego e fazia pós-graduação.

O sujeito é o mais velho de dois irmãos de uma família de classe média. A mãe sempre trabalhou fora e deixava os filhos aos cuidados de uma babá. Ainda criança, o pai o levava a passeios. Certa noite, em uma pescaria, um amigo do pai atraiu Tom escondido a uma barraca, estuprou-o e alertou-o a nunca falar do ocorrido. Tom tinha cinco anos. Sentiu nojo e náusea, ainda sentindo aquela respiração ofegante. Com 14 anos, começou a manter relações com homens mais velhos às escondidas. Sentia vergonha, tentou interessar-se por mulheres, mas acabava se interessando por irmãos ou amigos das namoradas. "Complicava", dizia.

No caso em questão, o sujeito é violentado algumas vezes, escondido. "Meu pai nunca viu nada." O olhar do pai que desvia e não olha, o olhar vazio. O sujeito privilegia o olhar como objeto *a*. A pulsão escópica, o objeto de que depende a fantasia do sujeito é o olhar. Os homens mais velhos são substitutos do pai. Os encontros "às escondidas" são a forma que encontra para escamotear o olhar do Outro, que sabe que não olha e não vê. O sujeito escolhe os parceiros e se coloca em posição passiva no ato sexual, como no segundo tempo da fantasia fundamental em relação à figura paterna.

Tom relata, numa vaga lembrança de pescarias, um homem abraçando seu pai pelas costas, sem roupas, em movimentos violentos, o pai sendo estuprado. "Seria um sonho?". No silêncio da analista, continua: "Seriam as saídas de meu pai encontros como os meus? Estou repetindo meu pai. Eu não quero isso."

"O que faço para me interessar por uma mulher?"

Se o sujeito procura a análise, parece desejar desvencilhar-se do sofrimento. É preciso, de início, uma demanda dirigida a um analista e é necessário que o analista aceite o sujeito. A demanda deverá transformar-se em desejo. Durante a análise, a demanda se encontra nos ditos do analisante dirigidos ao Outro, o lugar de onde o analista é chamado a responder. A demanda por meio da fala veicula o desejo. Ao chegar ao analista, o sujeito vem à procura de uma cura. Cura de quê? Em *Televisão*, Lacan afirma que a "cura é uma demanda que parte da voz do sofredor, de alguém que sofre de seu corpo ou de seu pensamento"[5], ao que acrescenta "daí o inconsciente, ou seja, a insistência com a qual se manifesta o desejo, ou, ainda, a repetição do que aí se demanda"[6].

Certa vez, indo a um encontro, de longe "olha, vê" um homem "com trejeitos femininos, camisa estampada, calça de cintura alta" esperando no local combinado. Tom foge apavorado. Chega à análise, relata o fato e completa: "Não quero ser visto como um gay." Do olhar que desvia, ele passa a olhar e não gosta do que vê. Na sessão seguinte traz um sonho onde se encontra em uma praça com uma linda mulher. O sonho é o portador do desejo do sujeito. Dirige à analista: "O que faço para me interessar por uma mulher?". A analista interrompe dizendo: "Olhe!" A partir daí, há um avanço no processo analítico de Tom e foi na faculdade que encontrou a mulher dos seus sonhos.

O sujeito em questão conseguiu bancar seu desejo. Formou-se, continua trabalhando e namorando a mesma colega de faculdade. Quando procurou a análise dizia que queria parar com "aquela vida" e não conseguia. Conseguiu

---

[5] LACAN, Jacques. *Televisão* (1974). Trad. Antonio Quinet. Rio de Janeiro: Jorge Zahar Editor, 1993, p. 19.
[6] *Idem*, p. 21-22.

desviar seu destino e ser dono de sua própria vida, realizando-se na vida profissional e afetiva. Há uma mudança subjetiva. O sujeito passou a fazer outro tipo de escolha. Do lugar do gozo na posição de objeto do Outro, torna-se sujeito desejante e toma uma mulher como causa de desejo.

"Fazer uma escolha ou permanecer na dúvida?"

No te puedo comprender, corazón loco,
yo no puedo comprender como se puede querer
dos mujeres a la vez y no estar loco,
merezco una explicación porque es imposible seguir con las dos.

"Corazón loco", Bebo Valdez e Diego Cigala

O caso que ilustra este capítulo é de um sujeito de 42 anos, Paul, casado há 22 anos, que chega à análise queixando-se de intenso sofrimento, atormentado pela dúvida em relação à sua divisão entre duas mulheres que ama, cada uma de maneira diferente, perdido na impossibilidade da escolha. Uma é esposa e mãe, representa segurança; a outra é a mulher, amor proibido, a possibilidade de arriscar.

O caso clínico retrata a dúvida sistemática, metódica e estrutural do sujeito, que se exprime na vida amorosa: a impossibilidade de decidir entre a esposa e a outra, ou seja, a divisão subjetiva expressa na divisão do objeto de amor. O problema da divisão subjetiva estaria facilmente solucionado se ele fizesse a escolha. Mas o que encontramos é um sujeito diante de um pensamento contínuo, em que há uma satisfação libidinal, uma copulação de significantes: ideias obsessivas que vêm sem cessar, cujos rituais servem para evitar que se pense. Para que ele entrasse em análise, era necessário que entrasse no discurso histérico, ou seja, que o sujeito fosse histerizado. Segundo Carmen Gallano, "a análise é o lugar onde o obsessivo pode se desprender de seus pensamentos, histerizar-se, passando pelo discurso histérico".[1]

Paul se apresenta queixando-se de se sentir dividido entre sua esposa, de origem tradicional e rica, e uma mulher jovem, de família simples e pobre, ambas inteligentes e bonitas. A primeira representa o aconchego familiar, mãe de seus filhos e companheira de 22 anos. A outra, representa o novo, o desafio, o proibido. Ele ama as duas, não consegue saber qual é a preferida, pois ama cada uma de forma intensa.

Teme fazer uma escolha e arrepender-se. As duas cobram uma posição que ele não consegue assumir, fica dividido, e mente a ponto de confundir o que é sua verdade. Fica num circuito fechado do qual não consegue sair, mas essa é uma estratégia que utiliza para manter seu desejo impossível, sem fazer uma escolha. É a forma de estar sempre em outro lugar para não correr risco. "O obsessivo usa a manobra covarde de não correr riscos, eximindo-se de seu desejo; se ele não arrisca não goza, e o gozo do qual se priva é transferido ao outro imaginário, que assume como gozo do espetáculo."[2]

---

[1] GALLANO, Carmen. "Enfermares del cuerpo fuera del sexo: una clínica del obsessivo". In: *Heteridade — Revista de Psicanálise*, IF-EPFCL, p. 11-13. Conferência proferida no VI Encontro dos Fóruns do Campo Lacaniano, "O mistério do corpo falante" II, 10-11 de julho de 2010, Roma, Itália. Disponível em: <https://champlacanien.net/public/docu/4/heterite9.pdf>. Acesso em: 22 set. 2022.

[2] LACAN, Jacques. "A psicanálise e seu ensino" (1957). In: *Escritos*. Trad. Vera Ribeiro. Rio de Janeiro: Jorge Zahar Editor, 1998, p. 454.

"Fazer uma escolha ou permanecer na dúvida?"

Constelação familiar

Lacan defende que a constelação do sujeito é formada na tradição familiar pela narração de certo número de traços que especificam a união dos pais. A constelação originária que presidiu ao nascimento do sujeito, ao seu destino, quase à sua pré-história, as relações familiares fundamentais que estruturam a união dos seus pais mostram ter relação precisa e definível com o que aparece como sendo o mais fantasmático do cenário imaginário ao qual o sujeito chega como solução da angústia.

O sujeito, Paul, vem de família tradicional. O pai, filho de imigrantes que fizeram fortuna, é professor universitário e empresário. A mãe, fina e educada, pertence a uma família tradicional, rica e de prestígio. Quando jovem, o pai do sujeito também ficara dividido entre duas mulheres, preferindo escolher aquela que lhe desse prestígio na sociedade. Esse pai, homem educado, mas autoritário, impunha suas decisões, que eram acatadas pela mulher. O sujeito sempre ouviu de sua mãe: "A família tem de ser preservada e deve ficar acima de qualquer interesse", dito materno que o sujeito sempre traz para sua análise e que lhe provoca culpa, conflitos e dificuldades nas suas decisões.

Paul observa que as duas mulheres com as quais se relaciona são como o pai, autoritárias, e lhe provocam medo — afirma ter "medo delas, como do pai". A lembrança das atitudes autoritárias do pai é trazida para a análise, como no sonho que o sujeito relata, dividido em três níveis: no primeiro nível, no quintal de sua casa, há um lugar proibido para brincar. Mesmo com hesitação, consegue ultrapassar. No segundo nível, vê surgir, numa espécie de névoa, um homem, uma mulher e duas crianças. Tenta tocar o homem, que lhe diz: "Você não pode ultrapassar o limite e me tocar." Sente calafrio, obedece e não se aproxima. Desse segundo nível, vê o terceiro nível cercado em fogo, faz o sinal da cruz e o medo se esvai. Nas associações surgem o pai autoritário e o temor, a lembrança dos castigos impostos. Em um deles, Paul recusava determinado alimento. Todos estão à mesa, o pai se levanta, coloca o rosto da criança dentro do prato e, em seguida, o deixa de pé como castigo, o rosto sujo, olhando todos à mesa, paralisado. Perguntado sobre a reação da mãe nessas ocasiões, responde que ela nunca interferia nas atitudes do pai. Os ditos da mãe estão sempre consigo, afirma.

O obsessivo se mortifica, coloca-se no lugar da falta do Outro; é uma forma que encontra de salvar o Outro. Não é somente uma forma de sanar a castração da mãe, mas a inconsistência dos ditos dela. Não pode pedir nada, para não mostrar a sua falta, diferentemente da histérica que demanda sempre. Se o obsessivo mostra a falta, vai ficar evidente que ele não é o falo, o falo como símbolo da falta do Outro. Aceitar ser o falo é condição para não ceder ao desejo.

Paul casou-se jovem, ainda universitário, porque sua namorada, Cal engravidara. Ainda hoje "admira sua mulher, acha-a linda, sente atração e gosta de sexo com ela." Tudo caminhou bem por alguns anos. Depois, Paul começou a sentir "certas estranhezas", como o corpo separado de sua cabeça, os pensamentos invadirem o corpo, as ideias obsessivas, hesitações, dúvidas, ruminações. A partir daí, começou a se interessar por outras mulheres, até que encontrou a jovem Nina, com quem mantém uma relação há cinco anos. A esposa, ao saber, resolveu engravidar, mas o sujeito prosseguiu com suas hesitações, sentindo-se culpado e dividido. Sabemos desde Freud que o que caracteriza o sintoma obsessivo são as dúvidas, a ruminação e a incerteza.

Paul e o Homem dos Ratos

O caso de Paul remete-nos ao famoso caso de Freud, o Homem dos Ratos, com o qual verificamos alguma semelhança.

"Fazer uma escolha ou permanecer na dúvida?"

No Homem dos Ratos, cuja problemática é típica de um caso de neurose obsessiva, há a ambivalência afetiva caracterizada por Freud como a clivagem entre o amor consciente e o ódio inconsciente. Ali, essa ambivalência aparece em relação ao pai e à senhora que ele venera. Desse modo, manifesta os sintomas como forma de apreensões obsessivas, medo de que aconteça algo ruim com a senhora ou que o pai (já falecido) morra. No caso de Paul, vêm sempre o medo e as dúvidas: "Se eu sair de casa, algo ruim pode acontecer com minha mulher e meus filhos. Minha mulher vai deixar de me amar e ficar com outro. E a outra, se eu a deixar? Algo vai faltar."

A impossibilidade de decidir entre os dois objetos de amor aparece em um sonho no qual o sujeito se vê numa estrada, numa encruzilhada, tendo de um lado a mulher, mãe de seus filhos, e do outro a analista, objeto proibido, algo intocável. Desse modo, se constitui o analista como objeto causa de desejo, constituição essencial para o estabelecimento do discurso do analista na experiência psicanalítica, e o sujeito coloca o analista em seu sintoma.

A formação do sintoma obsessivo alcança o triunfo quando logra unir a proibição com a satisfação, de tal forma que o que fora originalmente um mandamento defensivo, ou uma proibição, adquire a significação de uma satisfação, cujo efeito colabora com esses enlaces artificiosos. Encontramos a ambivalência no conflito obsessivo entre dois impulsos: o de ódio e o de amor. Freud descobriu que, mesmo na existência desses dois opostos, é na presença do ódio que se encontra a base de cada sintoma obsessivo, como resposta sempre à mão para se defrontar com signos de que o Outro não é um deserto de gozo.

O sujeito tem sempre a sensação estranha de estar e não estar em lugar nenhum: "Fico pulando de um lado para outro, mentindo para não decidir entre a mulher, esposa rica, e a jovem pobre." Sempre confuso, sob pressão, com a sensação de estar assentado numa caixa de pólvora pronta a explodir, como nos sonhos se repetindo em encruzilhadas, driblando a morte.

O sujeito da estratégia obsessiva tentará enganar a morte. Para tanto, nunca estará onde se joga o jogo e, por isso, quase nada do que ocorre lhe interessa, tudo o que realmente importa perde o sentido. Em seu lugar, esses pequenos e cotidianos absurdos sintomáticos se eternizam na vã tentativa de se preservar, abdicando do desejo que, por outro lado, lhe dá alimento. Segue sempre adiando: mais tarde, mais um dia...

Trava-se uma luta, constituída de ideias contrárias expiatórias que ocupam toda a sua atividade mental diurna e noturna. Esse debate permanente opera-se em um clima de dúvidas bem sistemáticas, não levando a nenhuma certeza. Surge nessas dúvidas sempre uma interrogação, que gera a busca de respostas, de soluções, cujos resultados são sempre insatisfatórios. O obsessivo não tem medo apenas de cometer algum ato grave, imposto a ele por suas ideias, mas de tê-lo feito de modo inadvertido: "Essa cisalha chega à alma com o sintoma obsessivo, pensamento com o qual a alma fica embaraçada, não sabe o que fazer."[3]

Quinet destaca que a obsessão, como sintoma, é a maneira de gozar para um sujeito cuja dúvida e a falta de certeza impedem seu ato, que é sempre adiado. Daí a obsessão como pensamento se encontra em oposição ao ato. Se o sujeito pensa, o ato não acontece. Uma análise possibilita que o sujeito fale, ou seja, coloque em palavras o seu pensamento. É preciso que o gozo passe do pensamento para

---

[3] LACAN, Jacques. *Televisão* (1974). Trad. Antonio Quinet. Rio de Janeiro: Jorge Zahar, 1993, p. 19.

"Fazer uma escolha ou permanecer na dúvida?"

o ato, invertendo assim o próprio movimento de formação da obsessão[4]. Verificamos no caso apresentado uma verdadeira batalha entre as ideias, que entram em conflito e paralisam sua vida mental, angustiando e inibindo possíveis soluções. Sabemos que não há respostas para as perguntas de Paul, porque as perguntas são sintomas disfarçados. O sintoma não é para ser respondido, e sim trabalhado em análise. Paul precisa descobrir que sua felicidade não depende de uma decisão imediata. Escolher Nina ou Cal não determina o sucesso de sua vida. Seu verdadeiro sucesso consiste em decifrar seu conflito e descobrir os motivos que o levam sempre a uma encruzilhada.

---

[4] QUINET, Antonio. "Zwang und Trieb". In: RIBEIRO, M. A. (org.). *Os destinos da pulsão*. Rio de Janeiro: Kalimeros, 1997, p. 74.

"O que eu faço? Sei que você sabe"

O campo de ação da psicanálise situa-se na fala, onde o inconsciente se manifesta através dos atos falhos, esquecimentos, chistes e relatos de sonhos, enfim, nos fenômenos que Lacan nomeia "formações do inconsciente". É a eles que se refere o aforismo lacaniano: "o inconsciente é estruturado como uma linguagem". A linguagem é feita de *alíngua*. É uma elocubração de saber sobre *alíngua*. Mas o inconsciente é um saber, um saber-fazer com *alíngua*, e o que se sabe fazer com *alíngua* ultrapassa em muito o que podermos dar conta a título de linguagem[1]. Lacan concebeu o conceito de *alíngua* (ou *lalíngua*) procurando um termo que fosse próximo de *lalação* e o definiu como detritos, os restos de significantes que vão se depositando como aluvião no curso de aquisição da linguagem.

As formações do inconsciente são feitas com deslocamentos e condensações de significantes. Tal como se forma o chiste, cujo efeito é o gozo de rir, se faz um sintoma, cujo

---

[1] LACAN, Jacques. *O Seminário, livro 20: Mais, ainda* (1972-73). Trad. M. D. Magno. Rio de Janeiro: Jorge Zahar Editor, 1985, p. 190.

"O que eu faço? Sei que você sabe"

efeito é o gozo de sofrer[2]. É o que se fala no divã, as formações do inconsciente, os romances familiares, os significantes do sujeito. Portanto, o sujeito trará para o divã o seu sintoma e a sua fantasia. Segundo Lacan, com o dispositivo do divã apaga-se a imagem do outro, i(a), que representa a pessoa do analista, e assim I(A), o Ideal do Outro ocupará seu lugar.

A partir da década de 1910, Freud passa a dar destaque às construções em análise e defende que certos tempos esquecidos sejam considerados como reconstruções, onde há um saber que é possível alcançar para elaborar[3]. Do lado da fala do "paciente" há uma falha, um tempo esquecido, uma falta de saber. Do lado do psicanalista, a construção de um substituto com valor de verdade. O saber está do lado do analisante. Freud destaca o inconsciente como recalcado e a libido nele fixada, ou seja, a lembrança encobridora. Dessa forma, Freud os considera em trabalho de construção. O psicanalista vai dirigir a análise, o analisante irá trabalhar, cabendo ao psicanalista a tarefa de interpretar, tendo o inconsciente como parceiro. Há um gozo na fala do analisante e um gozo no sintoma. O psicanalista precisa escutar e dirigir a análise. Para tanto, é fundamental lembrar que, como alertou Freud, o manejo da transferência é mais difícil do que interpretar.

Dito isto, partirei de um fragmento de um caso clínico para ilustrar o trabalho da análise.

Certa noite, ao atender a um telefonema, a voz de um jovem me disse: "Sou D, estudante de psicologia. Faço análise com A., que indicou seu nome. Minha colega Lilian deseja marcar uma entrevista com você. Ela está aqui do lado, mas não quer falar, sente vergonha".

---

[2] GERBASE, Jairo. *O homem tem um corpo*. Salvador: Editora Associação Científica Campo Psicanalítico, 2020, p. 103.

[3] FREUD, Sigmund. "Construções em análise" (1937). In: *Edição Standard Brasileira das Obras Psicológicas Completas de Sigmund Freud*, vol. XXIII. Rio de janeiro: Imago, 1980, p. 293.

Demanda feita através de um outro. Neste momento, pedi que Lilian viesse ao telefone e pudesse fazer ela mesma sua demanda. Sua voz, muito baixa, era quase apagada. Falou com dificuldade, no entanto, conseguiu ela mesma fazer sua demanda. Foi marcada uma entrevista.

Lacan, em suas conferências e entrevistas nos Estados Unidos, ao tratar das entrevistas preliminares, resgata esse procedimento feito por Freud: "Trata-se de fazer os pacientes entrarem pela porta, que a análise seja um limiar, que haja da parte deles uma demanda. A demanda de que eles querem se desembaraçar? De que sintoma?"[4].

O que Lacan designa como "entrevistas preliminares", Freud chamava de "tratamento de ensaio":[5] tempo para o diagnóstico, a entrada em análise, o divã ético e compreendendo de uma a duas semanas antes que se inicie a análise propriamente dita (lembrando que Freud atendia de segunda a sexta-feira cada um de seus pacientes). Segundo ele, fazia isso para evitar interrupção da análise após certo tempo. Freud não especifica os motivos dessa interrupção e observa que esse período de ensaio é necessário para ligar o paciente à pessoa do analista.

Já em relação a esse período de ensaio, ele é mais explícito, afirmando que é nele que se estabelece um diagnóstico, em particular o diagnóstico diferencial entre a neurose e a psicose. Portanto, as funções do "tratamento de ensaio", como disse Freud, ou das "entrevistas preliminares", como as chama Lacan, são o diagnóstico e a entrada em análise, que consiste em o sujeito colocar o analista no seu sintoma e

---

[4] LACAN, Jacques. "Conférences et entretiens dans des universités nord-américaines". In : *Scilicet* 6/7. Paris: Editions du Seuil, 1976, p. 42-45.
[5] FREUD, Sigmund. "Sobre o início do tratamento (Novas recomendações sobre a técnica da Psicanálise I)" [1913]. In: *Edição Standard Brasileira das Obras Psicológicas Completas de Sigmund Freud*, vol. XII. Rio de janeiro: Imago, 1980, p. 164.

"O que eu faço? Sei que você sabe"

na sua fantasia, ou seja, permitir que o analista entre na sua vida, faça parte da sua história. Trata-se, portanto, de fazer engendrar a transferência.

Na primeira entrevista, a analisante Lilian diz que D. (a quem chamarei de Danilo) lhe havia sugerido fazer análise com seu próprio psicanalista, o que ela recusou por se tratar de um psicanalista homem. Seu desejo era buscar uma analista mulher. Diante disso, o psicanalista de Danilo a encaminhou para uma colega.

Em sua primeira entrevista, Lilian logo se apresentou confusa, como um sujeito dividido. Relatou que namorava seu primeiro namorado, Ernesto, há quatro anos. Esse relacionamento lhe trazia sofrimento. Ele a humilhava e a fazia chorar, mas ela não conseguia se libertar. Lilian admirava seu colega de classe, Danilo, queria ser capaz de deixar Ernesto para ficar com Danilo e sentia que Danilo a queria. Estava confusa: queria Danilo e não podia deixar Ernesto. Mesmo assim, queria ter coragem de largar Ernesto, principalmente quando ele a humilhava e dizia: "Por que não me deixa em paz?". Sentia que era o momento de deixá-lo e se livrar das amarras daquela relação. Não conseguia. Em vez disso, se desesperava, chorava e implorava. Sentia-se escrava daquele namoro. "Não sei mais o que faço." Desde o início, surge algo que se repete no decorrer da análise: Lilian é submissa ao desejo do Outro, ao que o Outro deseja que ela faça.

O desejo sempre é conflituoso na medida em que seus primeiros objetos são proibidos. O desejo pode provocar angústia. O sujeito é atravessado pela questão do Outro, de onde constitui o seu desejo como sendo do Outro. A resposta do Outro é uma mensagem que faz retorno sobre o sujeito como significação do que é seu desejo. É um enigma, o *"che vuoi? Que queres?"* que retorna ao sujeito sob a forma da pergunta "O que o Outro quer de mim?", revelando o Outro como desejante e a dimensão do sujeito como objeto.

Sua história vai se desdobrando. Lilian é a mais velha de dois irmãos. Traz à análise os ditos da mãe, que sempre repete que "seu nascimento foi uma decepção para seu pai, para ela [a mãe] e para toda a família", pois desejavam um menino; que "sua chegada causou grande tristeza, principalmente ao pai". E continua repetindo a mãe: "não faça isso, seu pai não irá gostar, ficará muito bravo". Com frequência saíam à noite o pai, os filhos e a mãe, esta com clara intenção de vigiar o marido. Quando, por qualquer motivo, a mãe não podia acompanhar o pai ao bar onde ele se encontrava com os colegas médicos, mandava os filhos e recomendava: "Vão com o pai e vigiem-no e não o deixem arrumar outra mulher: "Vocês têm de ajudar-me a manter o casamento."

Quando fala das brigas dos pais, o sujeito sempre traz os ditos da mãe, que repetia que Lilian era a culpada — uma culpa recorrente nos relatos do sujeito. Em um dos sonhos que traz à análise, diz que uma mulher tem uma criança e a entrega a Lilian, que, ao recebê-la nos braços, vê que se trata de um menino, o que a deixa muito feliz. No sonho o sujeito tenta realizar o desejo do Outro, de ser um menino para agradar ao pai, pois segundo a mãe, este pai desejava que ela tivesse nascido um menino em vez de uma menina.

Durante a sessão, em associação livre, Lilian fala do seu desejo de ter nascido homem para fazer o pai feliz e da culpa por ter nascido mulher. O que completa: "Queria ter nascido homem."

É durante o período do curso de psicologia que sua mãe surta pela primeira vez. Vai ao psiquiatra e faz tratamento medicamentoso. Nesse período, filha e pai conseguiram uma relação em "idílio", como disse a analisante. Isso foi possível quando Lilian descobriu que a mãe sempre mentira, que tudo que afirmara foram coisas imaginadas e que o pai sempre desejou que a filha nascesse. Diante disso, pai e filha começam uma relação bastante terna, com diálogos e carinho. Na iminência de surtar, a mãe interrompe o tratamento com o psiquiatra e passa a ser tratada pelo marido, que era médico cirurgião. Lilian traz para a análise esse tema conflituoso e começa a se revoltar com o pai, pois acha que ele não poderia tomar para si a tarefa de medicar a própria mulher e que a mãe devia continuar se tratando com o psiquiatra. Começa uma "guerra" em casa. O pai reage à mudança na relação com a filha e culpa a análise. Passa a controlar o dinheiro, reduzindo as sessões e, depois, exigindo que Lilian parasse com a análise. Usa o "poder do dinheiro" contra a "rebeldia" da filha.

Podemos ver no caso em questão que essa mãe é uma devastação para a filha e que Lilian repete com seu namorado, Ernesto, a mesma relação de submissão, escolhendo, até aquele momento, um homem com o mesmo traço devastador da mãe. Ela se coloca nesse lugar submisso, de assujeitamento ao Outro.

Em seus termos, Freud diz que a relação entre mãe e filha é uma catástrofe e uma aflição, ao que acrescenta que, quando esta menina se torna uma mulher, reproduz na relação com o marido traços dessa aflição[6]. Lacan retoma Freud falando dessa relação de outra forma: que a mãe é uma devastação para a filha. A partir de dois momentos no ensino de Lacan, podemos ver que a relação da filha com a mãe ocorre também na relação da mulher com um homem, o que pode ser uma devastação[7]. A devastação seria o retorno da demanda de amor para uma mulher. "A Mulher não existe", a mulher é não-toda, uma forma de falar da falta, uma maneira de

---

[6] FREUD, Sigmund. "Sexualidade feminina" (1931). In: *Edição Standard Brasileira das Obras Psicológicas Completas de Sigmund Freud*, vol. XXII. Rio de janeiro: Imago, 1980, p. 154.
[7] LACAN, Jacques. "O aturdito". In: *Outros escritos*. Trad. Vera Ribeiro. Rio de Janeiro: Jorge Zahar Editor, 2003, p 465.

argumentar a impossibilidade de definir o feminino, o que Freud desenvolve na conferência sobre a "Sexualidade feminina". A relação que pode haver entre mãe e filha se baseia na expectativa da filha de receber uma identificação feminina da mãe devido à impossibilidade da mesma lhe transmitir a feminilidade.

Nesta confusão toda vem à tona a verdade mais forte para Lilian. A mãe sempre mentira usando o nome do pai, até quando dizia que o pai e a família queriam "um filho". Tudo era fruto da imaginação da mãe. A mãe fazia jogo duplo com ambos. Jogava pai e filha um contra o outro. O ciúme e a inveja da mãe estavam em evidência em relação à filha. Numa sessão, Lilian repete: "Não sei mais o que fazer" e dirige à analista a pergunta: "O que eu faço? Sei que você sabe." A analista se levanta, interrompendo a sessão: "Você não sabe o que fazer?"

A analista respondeu com o silêncio para possibilitar que a analisante pudesse prosseguir seu trabalho de análise pois cabe ao psicanalista dirigir a análise com seu desejo e, assim, possibilitar que o analisante siga no seu desejo de saber. "Na análise quem trabalha é o analisante"[8]. O psicanalista, com seu desejo, dirige a análise: quando "alguém assume como psicanalista parece que somente ele mesmo pode fazê-lo"[9].

Como dissemos na introdução, Freud funda o inconsciente e marca o surgimento de um novo discurso que recoloca a questão do sujeito, do saber e da verdade. Institui-se assim o sujeito do inconsciente, eliminando toda possibilidade de que um sujeito pudesse ser suposto por outro sujeito. O sujeito do inconsciente é o sujeito suposto pelo significante

---

[8] LACAN, Jacques. "Conferência em Genebra sobre o sintoma (1975)". In: *Opção Lacaniana* n. 23, São Paulo, dezembro 1988, p. 7.
[9] *Idem*, p. 8.

"O que eu faço? Sei que você sabe"

que o representa para outro significante. Podemos dizer que a posição dita "do psicanalista" é a do lugar do objeto *a* que se apresenta para o sujeito como causa de seu desejo.

O psicanalista, no entanto, vai fazer semblante deste objeto, oferecendo-se como ponto de mira para essa operação, porque o sujeito da psicanálise envereda pelo desejo de saber.

Há outra ética da psicanálise, apontada por Freud, que é a do mal-estar na civilização[10]. Na estrutura do desejo há algo mais do que um valor de uso de gozo; diferentemente de um poder que se diria justo, a política da psicanálise é sustentada por um imperativo ético que tem na sua causa a Coisa, *das Ding*. É a isso que o desejo do psicanalista deve ser articulado.

A teorização do objeto *a* introduz uma nova dimensão na questão da interpretação, do ato. Esse objeto é produzido no discurso a partir da lógica. É o objeto do Real, enquanto impossível, agindo na causa do desejo. A interpretação visa à causa como semblante. É um dever respeitar a determinação que a causa real impõe.

Freud observa que não há psicanálise sem a transferência, que ela é a mola da análise, podendo, contudo, ao mesmo tempo, ser um obstáculo. Ensina que o passado volta no processo de análise conforme a transferência faz uma conexão entre o passado e o presente, cujos laços são efetuados pela neurose. Afirma que há uma repetição diferente do passado, atualizada, a qual o psicanalista, com seu desejo na direção da análise e no manejo da transferência, deverá colocar em ato de criação, evitando que se restrinja a uma reedição infantil.

---

[10] FREUD, Sigmund. "O mal-estar na civilização" (1930 [1929]). In: *Edição Standard Brasileira das Obras Psicológicas Completas de Sigmund Freud*, vol. XXI. Rio de Janeiro: Imago, 1980, p. 87.

A mola fundamental da operação psicanalítica é a manutenção da distância do I, o Ideal, e do *a*. Segundo Lacan, no seminário 11,

> a transferência é o que, da pulsão, desvia a demanda, o desejo do analista é aquilo que a traz de volta. E por esta via, ele isola o *a*, o põe à maior distância possível do I que ele, o analista, é chamado pelo sujeito a encarnar. É dessa idealização que o analista tem que tombar para ser suporte do *a* separador, na medida em que seu desejo lhe permite, numa [hipnose[11]] às avessas, encarnar, ele, o hipnotizado.[12]

E mais adiante:

> O desejo do analista não é um desejo puro. É um desejo de obter a diferença absoluta, aquela que intervém quando, confrontado com o significante primordial, o sujeito vem, pela primeira vez, à posição de se assujeitar a ele. Só aí pode surgir a significação de um amor sem limite, porque fora dos limites da lei, somente onde pode viver.[13]

Segundo Lacan, o Real demarca seu lugar por meio dos acontecimentos psíquicos que vão do trauma à fantasia, e só depois vem o sintoma. O trauma persiste em seu surgimento apontando para um encontro desvelado com o Real, enquanto a fantasia mascara o Real, mesmo partindo deste. Não há como confundir a repetição. A repetição é algo que está sempre velada na análise por causa da identificação da

---

[11] Nota da editora: na edição estabelecida e traduzida consta "hipótese". A correção foi feita a partir do cotejamento com a versão não autorizada.
[12] LACAN, Jacques. *O Seminário, livro 11: Os quatro conceitos fundamentais da psicanálise*. Trad. M. D. Magno. Rio de Janeiro: Jorge Zahar Editor, 1988, p. 258.
[13] *Idem*, p. 260.

"O que eu faço? Sei que você sabe"

repetição com a transferência. O que se repete tem relação com a *tiquê*, é como por acaso. A função da *tiquê* é o encontro com o Real, o encontro faltoso com o Outro sexo e, em decorrência disso, não há relação sexual. O único Real que se verifica é o falo, marca Lacan no seminário sobre *O sinthoma*.

Na entrada em análise, o sintoma surge como uma verdade, como um saber sem sujeito que demonstra que o fantasma falhou, que não houve remendo. Desta forma, o sofrimento surge mostrando o gozo sem o princípio do prazer. A transformação em sofrimento, em dor que o sujeito traz para o Outro, é o início da relação de transferência. O sujeito dirige uma demanda ao Outro, psicanalista escolhido para acolher sua dor, escutar suas queixas, o sem sentido de seu sintoma inicial. É neste lugar que o psicanalista irá se oferecer para completar o sintoma com o equívoco do Sujeito suposto Saber: equívoco de um saber possível sobre a causa que o discurso histérico deverá amarrar em sua neurose de transferência dirigida a esse psicanalista.

Uma análise se inicia pelo sintoma e termina pelo sintoma. O sintoma de entrada não é igual ao sintoma de saída. O sintoma de entrada é decifrável. Na psicanálise, o psicanalista completa o sentido do sintoma pelo fenômeno da transferência, ele faz parte do sintoma do analisante. Para diferenciar o sintoma tratável, decifrável, do início da análise, do sintoma não decifrável, intratável do final de análise, Lacan utiliza a grafia antiga do termo "sintoma" em francês, "*sinthoma*". Uma análise vai do sintoma (início) ao *sinthoma* (final). Do sintoma curável metafórico ao *sinthoma* incurável real.

Lilian está iniciando sua análise, tem ainda um percurso longo pela frente. Assim como cada sujeito, ela tem o seu tempo. A transferência é uma relação que se vincula ao tempo, e o manejo do tempo é condição fundamental em uma análise. Há o tempo que se abre na espera, tempo no começo que determina o seu final, sendo o final o que estrutura o tempo. Se ao cabo do percurso de uma análise podemos constatar que, ao final de uma transferência, o sujeito se depara com o objeto perdido como sendo a causa de sua divisão, então podemos afirmar que o objeto *a* é um dos nomes do tempo da análise. Podemos dizer que não se perde o que não se tem. Então, o tempo se perde.

"A Mulher me persegue"

A partir de um fragmento de caso, pretendo evidenciar como a clínica vem confirmar a teoria. Trata-se de uma mulher de 42 anos que chegou ao consultório da analista encaminhada por uma neurologista que a vinha acompanhando.

O sujeito telefonou para a analista pedindo para marcar uma sessão às 14hs de segunda-feira. A analista lhe perguntou o porquê do dia e do horário, obtendo como resposta que "sua agenda estava cheia de consultas marcadas". A analista lhe pergunta se seria da área de saúde, o sujeito responde que "eram horários com vários médicos porque ela tinha muitos problemas de saúde e só segunda às 14hs estaria disponível". A analista lhe responde que teria somente o horário de 15hs de terça-feira. O sujeito, depois de consultar sua agenda, aceita.

No dia, chega com o marido. Quando é convidada para entrar no consultório, pega o marido pelo braço e diz: "Ele também entrará porque quero que você seja testemunha do que irei falar perto dele." Ela aponta para o marido e começa dizendo: "Ele me trai (a trai/atrai) com uma mulher que anda me perseguindo." O marido se defende. No entanto, Bel afirma que ele a trai com a tal mulher, que ela conhece a voz dessa mulher. No final da entrevista é-lhe solicitado que nas próximas vezes entre só no consultório, sem ser acompanhada pelo marido, o que é aceito.

Podemos verificar nesse caso as alucinações invadindo como vozes que falam, trazendo sofrimento para o sujeito. Bel diz que: a mulher fala com ela. Ao mesmo tempo, fala de seus delírios de perseguição e ciúme: a mulher a persegue e a trai (atrai/a trai) com o marido. Quer que o marido saia gravando a voz da mulher e garante que ela irá identificar pela voz quem é a mulher, ao que a analista lhe pergunta: "Será?". A partir daí, resolve aguardar. Podemos verificar que o caso de Bel é de esquizofrenia paranoide, como o de Schreber[1].

Foi em 1845 que o psiquiatra austríaco Ernst von Feuchtersleben (1806-1849) introduziu o termo "psicose" em substituição ao termo "loucura" para designar os doentes da alma. No início, o termo "psicose" definia o conjunto das doenças mentais. Em 1894, Freud retoma o termo como um conceito, de início, para designar a reconstrução inconsciente por parte do sujeito de uma realidade delirante ou alucinatória. Posteriormente, o termo inscreve-se no interior de uma estrutura tripartite, na qual se diferencia da neurose e da perversão.

No fim do século XIX, Emil Kraepelin (1856-1926) chama de "demência precoce" a doença que atingia os sujeitos na adolescência e na juventude. Em sua classificação, a noção se juntava a mais duas para designar o campo das psicoses: a paranoia, a psicose-maníaco-depressiva e a demência precoce. Eugen Bleuler (1857-1939), no século XX, passa a denominar a demência precoce de Kraepelin "esquizofrenia", criando a noção de *Spaltung* (clivagem, dissociação) e fazendo

---

[1] Cf. FREUD, Sigmund. "Notas psicanalíticas sobre um relato autobiográfico de paranoia" (1912 [1911]). In: *Edição Standard Brasileira das Obras Psicológicas Completas de Sigmund Freud*, vol. XII. Rio de janeiro: Imago, 1980.

dela o modelo estrutural da loucura. Ao mesmo tempo, Freud transforma a paranoia em paradigma moderno da loucura. Enquanto Freud publica o famoso "Caso Schreber", em 1911, Bleuler publica sua monografia *Demência precoce ou grupo das esquizofrenias*, em que abandona em definitivo o termo "demência precoce".

Bleuler afirma que essa doença não era uma "demência" e nem "precoce", e que englobava todos os distúrbios ligados à dissociação primária da personalidade e que conduzia a diversos sintomas, tais como: o ensimesmamento, fuga de ideias, inadaptação radical ao mundo externo, incoerência, ideias bizarras e os delírios sem depressão, nem mania, nem distúrbios de humor. A esquizofrenia de Bleuler é freudiana porque ele busca um sentido para os sintomas, à luz dos mecanismos e da formação dos sonhos, levando em conta o sujeito do inconsciente. Ele dizia que só a teoria de Freud permitia compreender os sintomas dessa loucura. Freud, que até então utilizava o termo "parafrenia", passou a aceitar o termo "esquizofrenia" após relutar. Para ele, os sintomas da paranoia e da esquizofrenia podem se misturar; no entanto, ele as mantém como condições distintas: na paranoia, a libido se fixa ao narcisismo; já na esquizofrenia, há o retorno ao autoerotismo[2].

Bel afirma: "Sou uma mulher com muitos problemas, vivo nos consultórios médicos." Queixa-se: seu intestino é virado ao contrário, o estômago tem um buraco que a faz passar muito mal, os rins param de funcionar sempre, na menstruação sai uns pedaços de algo que os médicos não conseguem identificar e ela fica frequentemente paralisada

---

[2] FREUD, Sigmund. "Sobre o narcisismo: uma introdução" (1914). In: *Edição Standard Brasileira das Obras Psicológicas Completas de Sigmund Freud,* vol. XIV. Rio de janeiro: Imago, 1980.

na cama por problemas sérios na coluna: "Todos os ossos do meu corpo estão fraturados."

Em Bel, assim como em Schreber, a fala testemunha o gozo que a invade, sobretudo ao nível do corpo: o despedaçamento do corpo. Seu corpo lhe causa sensações estranhas e frequentes, ora seu estômago, ora seus rins, os ossos e, mais comumente, os distúrbios menstruais.

Em outro momento, diz: "Além dos problemas de saúde, ainda para me atormentar, essa mulher me persegue. Não consigo descobrir quem é ela e as pessoas estão de complô contra mim, são cúmplices dela: minha sogra, minhas cunhadas." Relata que vive evitando as pessoas que conhecem a mulher, sua perseguidora, e fingem que não acreditam nela. Relata também que muda sempre de médicos, porque eles não conseguem dar a ela um bom tratamento e ela sempre tem de fazer muitos exames para comprovar os problemas no corpo: "Minha vida é um tormento."

A esquizofrenia e a paranoia são dois tipos clínicos da psicose que, apesar de diferenciadas em Freud e Lacan, aproximam-se. Em seu texto acerca do Caso Schreber, Freud faz o diagnóstico de esquizofrenia paranoide, descrevendo os fenômenos da paranoia, porém marcando a distinção entre os fenômenos de cada tipo clínico.

Constatamos neste caso dois tipos de fenômenos: as alucinações, ou seja, as vozes, as manifestações corporais, e os delírios. As vozes testemunham que o Outro fala, emite significantes, que estão fora do sujeito por não ter um ponto de basta do significante fálico. A foraclusão do Nome-do-Pai e a elisão do falo se manifestam nesse sujeito que está fora do discurso. O imaginário do corpo se solta e aparecem fenômenos hipocondríacos de desfuncionamento dos órgãos. Vemos que as associações no registro Simbólico se dispersam sem sentido e o Real do gozo invade o corpo; em consequência, há a falta de regulação dos outros registros.

Na esquizofrenia constatamos que os três anéis, RSI, ficam soltos, não há amarração. O esquizofrênico tenta entrelaçá--los com os fenômenos, ou com seu *sinthoma*.

Apesar da falta de interesse demonstrado por Freud em relação à esquizofrenia, ele nos trouxe grandes contribuições. Diz que, na esquizofrenia, a libido do sujeito não se contenta em retornar até o narcisismo, vai mais além: atinge o abandono total do amor objetal, retornando ao autoerotismo. Vemos em Freud, no caso Schreber, uma antecipação da teoria da libido. Freud já tratara de erotização do corpo quando se refere à sexualidade infantil[3]. Em 1966, Lacan emprega o termo "gozo" em relação ao mesmo caso de Freud. Para Lacan, o gozo é autoerótico, pois o corpo só serve para gozar. Percebe-se, na esquizofrenia, que não há localização do gozo no campo do Outro. O Outro não é subjetivado, ele é disperso. O gozo permanece ou retorna ao corpo autoerótico, ao corpo despedaçado pelo Real das pulsões.

Constatamos os fenômenos de despedaçamento do corpo em casos como o de Bel e o de Schreber: sensações de transformação corporal, dores variadas, separação dos membros. O corpo é cortado pelas pulsões. É a partir da imagem do outro que um corpo despedaçado toma sua forma unificada, a que Lacan chama "ortopédica": uma armadura que lhe dá a ilusão de corpo unificado. No estádio do espelho, a criança capta a imagem do outro, que lhe envia uma imagem onde se constitui o eu imaginário. O estádio do espelho é a matriz simbólica, porém ainda não basta para o sujeito tomar posse do seu corpo simbólico: nessa fase se apreende o corpo imaginário. O sujeito só consegue inscrever seu corpo no Simbólico se passar pela metáfora paterna.

---

[3] Cf. FREUD, Sigmund. "Três ensaios sobre a teoria da sexualidade" (1905). In: *Edição Standard Brasileira das Obras Psicológicas Completas de Sigmund Freud*. Rio de janeiro: Imago, 1980.

Em outro momento, Bel relata ter visto sua empregada ter um aborto na sua cama. A partir daí, percebe-se que há um desencadeamento da psicose e Bel passa a dizer: "a mulher me persegue". Afirma: "Em todos os lugares, ela me persegue, ela fala, irei identificá-la pela voz, esta mulher existe." Reitera que "A mulher existe", que pretende comprovar esse fato. Para tanto, irá comprar um gravador, já tendo pedido ao marido para acompanhá-la nas gravações em todos os lugares que frequenta, inclusive no salão de beleza, a fim de identificar a mulher pela voz.

A Mulher não existe, falta o significante d'A Mulher, só podemos afirmar a existência de um significante: o Nome-do-Pai, ou seja, o significante Falo. A Mulher não existe porque falta um significante, o significante d'A Mulher. A função do pai é interditar a mãe: ao fazê-lo, ele sustenta a repartição dos sexos. De um lado, pela castração, ele sustenta a identificação masculina do homem e, do outro lado, a identificação da mulher com o outro sexo. O Édipo é uma maneira de dizer que o desejo do pai faz a lei, o pai põe ordem nos sexos. Na psicose, o significante do Nome-do-Pai está foracluído e temos A Mulher toda, sem barra, que invade o sujeito psicótico.

A histérica faz o homem por falta do significante d'A Mulher — o psicótico, por falta do significante do Nome-do-Pai, faz A Mulher. É um efeito de empuxo-à-mulher da psicose. Em Schreber, desde o início do delírio, o perseguidor diz ao sujeito: "goza como mulher". É a perseguição contra a qual ele luta. No final, vemos um Schreber apaziguado, reestabelecido, reconciliado com o mundo e com o universo por haver se tornado A Mulher de Deus. Vemos o efeito do apaziguamento e da aceitação deste lugar de Mulher de Deus. Ao comentar o caso, Lacan fala da metáfora delirante, produzida na ausência da metáfora paterna. Schreber elabora que a condição para que ele seja o redentor de uma humanidade futura é sua transformação em "A Mulher de Deus".

"A Mulher me persegue"

No momento, Bel resolveu montar um ateliê de costura feminina. Colocou sua mãe e suas irmãs para ajudar, além de outras mulheres, como sua sogra e suas cunhadas. Será que podemos afirmar que ali, ao ouvir as vozes das mulheres que a procuram para atendê-las, Bel consegue estabelecer os laços sociais possíveis para um sujeito psicótico e atingir um apaziguamento e reconciliação com o mundo, como Schreber? Será uma possibilidade diante do impossível, do Real, que a análise lhe permite avançar?

… # parte 2

O materno, o feminino e a clínica com crianças

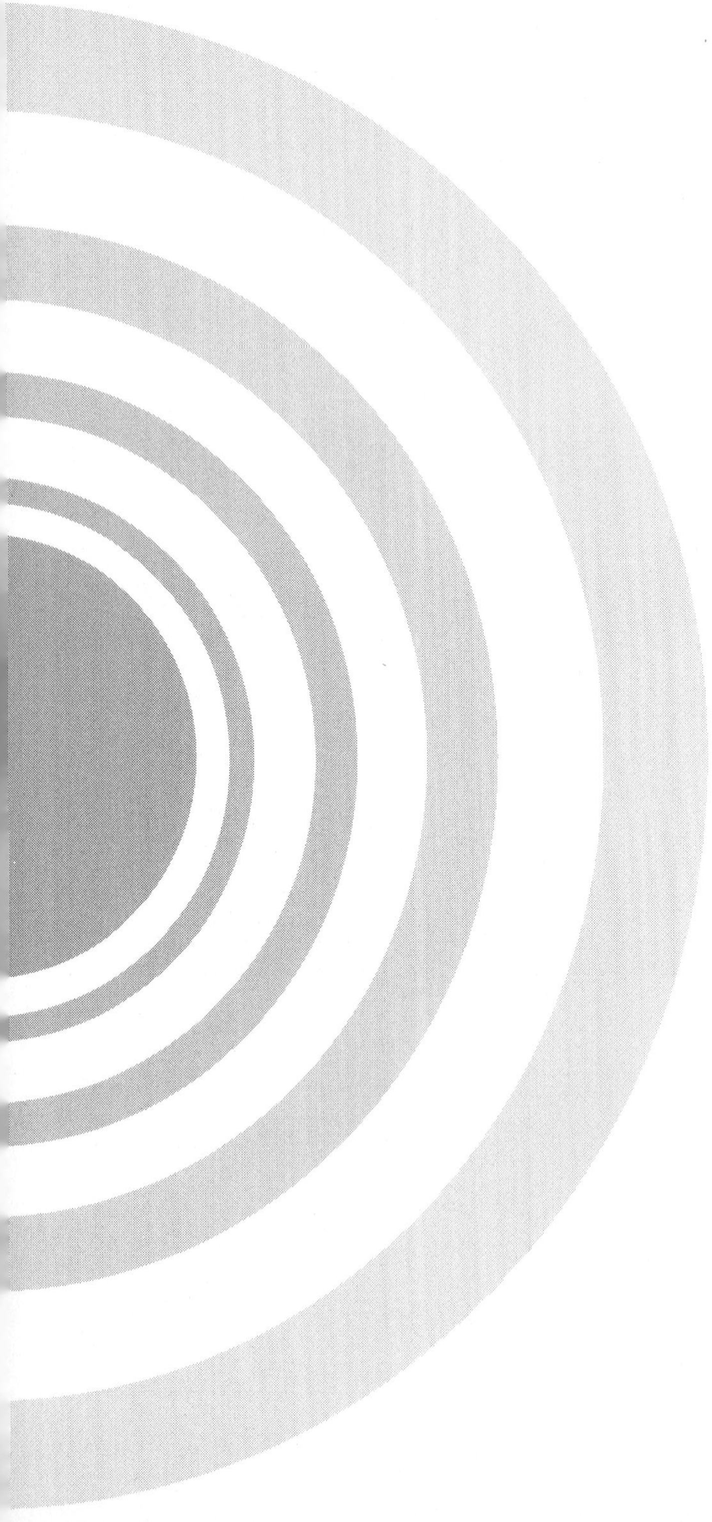

"O que é ser mãe?"[1]

O caso clínico que ilustra este capítulo é de uma mulher de 42 anos que chega à analista após passar por vários psiquiatras, sempre com diagnósticos de "depressão, melancolia, transtorno bipolar" e explicações de que tudo seria decorrência da sua "simbiose com a mãe". O psiquiatra também a via como uma pessoa extremamente doente; que, por ser mulher, o caso ficaria mais complicado com o passar da idade, quando se intensificariam períodos de oscilações entre depressões e manias, que as pessoas da família teriam de ter paciência com o sujeito em questão. Ao chegar, sua queixa é a de que "não suporta mais tantas doses elevadas de medicamentos, principalmente carbonato de lítio e haldol".

O sujeito e seus significantes

Para Lacan, as análises sempre se iniciam pela transferência. Nesse sentido, podemos dizer que todas começam da mesma forma. No entanto, a transferência se apresenta diferentemente, de forma particular para cada sujeito. O significante

---

[1] Publicado originalmente em *Stylus. Revista da Associação Fóruns do Campo Lacaniano*, n. 14, abril de 2007, p. 137-146. [Nota da editora: o artigo sofreu algumas modificações para a presente edição.]

da transferência é um significante distinto para cada um, aquilo acerca de que o sujeito vai se perguntar: "O que isto quer dizer?". Ele não sabe o que esse significante quer dizer e procura, em um analista, um outro significante qualquer, que se articule com o primeiro e que responda o que aquilo quer dizer. Lacan diz que o analista é um significante qualquer diferente do significante da transferência. É um analista em especial que é escolhido[2].

No denominador encontra-se o resultado do encontro de dois participantes — o sujeito e o analista: os significantes inconscientes têm a significação como referência.

$$\frac{S}{s(S^1, S^2, \ldots S^n)} \longrightarrow S^q$$

O significante da transferência, no presente caso, é "a deixada de lado, a sem lugar". O significante qualquer é "mãezona": "Eu a escolhi porque você é uma mãezona". Em outro momento: "Eu queria tanto ter uma mãe! A que tenho, eu não quero. Queria poder substituí-la por uma mãezona". É a partir desse significante qualquer do analista, "mãezona", que o sujeito supõe que o analista tem um saber de como fazê-lo para encontrar um lugar.

"A deixada de lado" ----------------------------- > "Mãezona"

Em outro momento, o sujeito dirige à analista uma pergunta, colocando-a no lugar do Sujeito suposto Saber: "O que é ser mãe?". Esta indagação remete à questão do sujeito

---

[2] LACAN, Jacques. "Primeira versão da 'Proposição de 9 de outubro de 1967 sobre o psicanalista da Escola'". In: *Outros escritos*. Trad. Vera Ribeiro. Rio de Janeiro: Jorge Zahar Editor, p. 579.

histérico: "O que é ser Mulher?". O Sujeito suposto Saber é um efeito da composição psicanalista e sujeito; o saber suposto não sabe nada. Entretanto, isso não autoriza em absoluto a analista a contentar-se com o saber que não sabe nada. Para a instauração da transferência, é necessário que o analista ocupe esse lugar, ofereça-se e faça semblante de que contém o saber, pois esse é o caminho que dá acesso a ele. No final, o analista cai dessa posição para ser reduzido à função de causa de desejo, ou seja, de fazer semblante do objeto a.

Romances Familiares

Mell nasceu numa família de classe média, sendo a terceira de cinco irmãs. Em sua casa cada irmã tinha a sua cama, exceto ela: "sempre fui a do meio, o recheio". Conta que a cada época dormia com uma irmã, até ser expulsa e ficar de lado, sem lugar. Lembra-se de que um dia, ao chegar em casa, viu uma cama nova. Toda contente, disse à mãe: "Que bom, agora eu tenho uma cama!". Ao que a mãe respondeu: "Esta cama não é sua, é da Roberta. Você não precisa de cama. O que é isso, agora? Você sempre dormiu tão bem com suas irmãs!"

Sua mãe foi internada algumas vezes em hospital psiquiátrico. Cada filha ficava com uma família. Uma vez, Mell ficou em casa de sua madrinha, que a tratou com muito carinho. Em outras, ficou com uma prima muito nervosa, que a punha tomando conta do filho menor. Se a criança chorava, a prima batia nela, dizendo que não cuidava bem da criança. Certo dia, em conversa com a irmã mais velha, propôs pedirem ao pai para cuidarem da casa na ausência da mãe. O pai concordou. Embora contente, chorava com a internação da mãe, temendo sua morte. Preferia ter a "mãe ruim", mesmo que esta a deixasse de lado. Quando solteira, morou com várias pessoas, não conseguia ficar em um só lugar. Assim, depois de casada, fez o marido vender duas casas e um apartamento. Nas casas, sentiu-se sozinha; no apartamento, sentiu-se isolada e mudou-se novamente.

Segundo Mell, o pai era homem trabalhador, honesto, elegante, bonito e inteligente. Quando ela nasceu, o pai foi internado com um tumor no cérebro. Ele só foi conhecê-la quando a mãe a levou ao hospital, aos três meses. "Meu pai era meu herói. A lembrança triste é que ele me colocava apelido: Loira, Ruiva e Siriema." Os apelidos pegaram e causaram-lhe muitas humilhações. Afirma ter ficado complexada e só conseguiu perdoar o pai antes de sua morte. Lembra que o pai era triste e vivia fazendo contas para pagar os desperdícios e gastos excessivos da mãe. Mell admira-se por ter se casado com um homem parecido com seu pai nas qualidades e com sua mãe nos defeitos; com o pai, pela inteligência e elegância; com a mãe, pelos gastos excessivos. Gosta de manter as aparências de rico. Relata que agora vive fazendo contas, como o pai, para controlar os gastos do marido.

O pai é um portador de significante. Lacan diz que "o pai é um sintoma"[3]. O significante Nome-do-Pai é um tampão que vela o vazio da castração. O pai é um semblante que só serve para tamponar a falta. O sintoma de Mell é "fazer contas" para controlar dinheiro, sendo este o seu traço de identificação com o pai. O sintoma, que para ela é fazer contas, segundo Freud, "vem como um substituto de uma satisfação pulsional". Lacan diz o mesmo de outra forma, ao afirmar que "o sintoma é um modo de gozar do inconsciente"[4].

Freud descreve a relação entre a menina e sua mãe como problemática, desenvolvendo rivalidade e ciúme entre ambas. Acentua que a mãe é ao mesmo tempo objeto de

---

[3] LACAN, Jacques. *Seminário 22: RSI*. Inédito. Aula de 13 de maio de 1975.
[4] *Idem*, aula de 18 de abril de 1975.

amor e polo de identificação, embora seja neste momento de identificação que a filha mais odeie a mãe[5]. Freud afirma, ainda, que uma mulher escolhe seu marido com traços do pai, colocando-o no lugar do pai, porém repete com o marido o mau relacionamento que teve com a mãe. Então, podemos dizer que a mulher escolhe seu parceiro com um traço amoroso do pai e, por outro lado, com traços de devastação da mãe. Por isso Freud afirma que a mãe é uma "catástrofe", uma "aflição" para a menina e Lacan acentua que a mãe é uma "devastação" para a filha.

Segundo Lacan, quando um homem aborda uma mulher, o que ele aborda é a causa de desejo. No caso de Mell, o pai se apresenta como um homem doente, impotente, não toma a mulher como objeto causa de desejo. À semelhança de Dora, o pai de Mell é doente, impotente, castrado sexualmente. A mãe é ausente, não se oferece como objeto causa de desejo ao marido. Assim como os pais das mulheres nos "Estudos sobre a histeria", o pai de Mell se mostra deficiente com relação à função fálica. Como o pai de Dora, o pai de Mell, embora castrado e impotente, é por Mell idealizado e desempenha o papel de mestre no discurso da histérica.

As versões da mãe

Freud descreve a relação entre a menina e sua mãe como problemática, envolvendo rivalidade e ciúme entre ambas:

> Vemos, portanto, que a fase de ligação exclusiva com a mãe, que pode ser chamada de fase pré-edipiana, tem nas mulheres uma importância muito maior do que pode ter

---

[5] FREUD, Sigmund. "Novas conferências introdutórias sobre psicanálise: A Feminilidade" (1933[1932]). In: *Edições Standard das Obras Completas de Sigmund Freud,* vol. XXII. Rio de Janeiro: Imago editora, 1980, p. 148.

nos homens. [...] Há muito tempo, por exemplo, observamos que muitas mulheres que escolheram o marido conforme o modelo do pai, ou o colocaram no lugar do pai, não obstante repetem para ele, em sua vida conjugal, seus maus relacionamentos com as mães. O marido de tal mulher destinava-se a ser o herdeiro de seu relacionamento com o pai, mas na realidade, torna-se o herdeiro do relacionamento dela com a mãe. Isso é facilmente explicado como um caso óbvio de regressão. O relacionamento dela com a mãe foi original, tendo a ligação com o pai sido construído sobre ele; agora o casamento, o relacionamento original emerge do recalque, pois o conteúdo principal de seu desenvolvimento para o estado de mulher jaz na transferência da mãe para o pai, de suas ligações objetais afetivas.[6]

Mell traz à análise as versões da mãe, das quais citarei algumas:

Mãe descuidada e desleixada

Lembra que a mãe não tomava conhecimento do que se passava em casa. Tem "vaga lembrança", que lhe causa mal-estar e nojo, de que um sobrinho da mãe, que morou durante algum tempo em sua casa quando já adulto, abusava sexualmente de Mell quando criança. Sua mãe nunca percebeu, ou quis tomar conhecimento disso. Era uma mãe ausente, como a mãe de Dora. Anos mais tarde, encontrou-se com esse primo, que lhe apertou o braço e disse-lhe com um sorriso malicioso: "Você continua muito linda e irresistível." Voltou-lhe a sensação antes sentida de nojo e repulsa,

---

[6] FREUD, Sigmund. "Sexualidade feminina" (1931). In: *Edições Standard das Obras Completas de Sigmund Freud*, vol. XXI. Rio de Janeiro: Imago editora, 1980, p. 265.

"O que é ser mãe?"

assim como a lembrança agora reavivada do que havia acontecido na sua infância e, ao mesmo tempo, o sentimento de abandono em relação à mãe ausente.

Mãe sem juízo e sem calcinha

Certo dia, ainda criança, chegando em casa, procurou pela mãe. Ouviu cochichos vindos do quarto. Entrou desavisada e encontrou a mãe na cama com o vizinho, rapaz novo. Levantaram-se rápido, a mãe ficou brava. Pediram-lhe que fosse comprar Coca-Cola. Relutou, mas pensou: "vou correndo, volto em silêncio e pego os dois de surpresa". Ao chegar, encontrou-os ainda no quarto. Agachou-se, fingindo procurar algo. Ao olhar para cima, sob a saia da mãe, viu-a sem calcinha. Completou, dizendo à analista: "Vi que tinha como mãe uma mulher sem juízo e sem calcinha. Eu não queria aquela mãe imoral e assanhada."

"O tempo passou. Cresci e minha mãe ficou mais velha. Mas não mudou. Continua com seus amantes, marca encontros por telefone, a alguns dá dinheiro de sua aposentadoria e da pensão deixada por meu pai." As irmãs de Mell lhe dizem para deixar a mãe de lado e ir morar sozinha.

Mulher desorganizada e odiosa

Num misto de amor e ódio, Mell revela ter algumas lembranças: ao pentear os cabelos da mãe, relembra que a mãe nunca lhe deu cuidados, nem penteou seus cabelos, como nunca comemorou seus aniversários e nunca cuidou da casa. Sentia-se a deixada de lado, a sem lugar. Sente então vontade de castigar a mãe, até mesmo de bater nela. Mas se contém. Com o passar dos anos, em análise, Mell revela conseguir atualmente lidar com a mãe, ter com ela uma relação possível, considerando que a mãe já idosa não irá mudar.

Considerações

Certo momento, já em análise, Mell queixa-se novamente de tomar altas doses de haldol e carbonato de lítio, de ser uma mulher doente, incapaz e com perspectiva de piorar cada vez mais. A analista se levanta e fala: "Discordo do psiquiatra, do diagnóstico e dos medicamentos. Você precisa é de análise, falar dessas questões no divã". Foi um ato analítico que surtiu efeito de interpretação. Mell resolveu ficar somente com a análise, obtendo progressos sem tratamento psiquiátrico. O sujeito apresenta um quadro depressivo por determinado tempo. Fica depois "alegre e eufórica", com muita disposição. À medida em que a analista a escuta, constata tratar-se de uma estrutura neurótica do tipo histérico, desenvolvendo um quadro de pseudodepressão, numa manobra de sedução histérica que joga com o olhar do Outro, como em jogo de esconde-esconde: entra e sai de cena, entrando e saindo da depressão. "Trata-se de um logro que é presente na esquize do olhar e da visão e que é desvelado no discurso histérico. A histérica quer ser o centro dos olhares"[7].

"Acho que todos os meus problemas são causados por minha mãe. Ela nunca cuidou de mim, nem se preocupou comigo. Penso que é por isso que eu caio em depressão. Fico ameaçando entrar em depressão, até que resolvo sair de cena, ficando direto numa cama. Não ligo para mais nada." Chorando, continua: "A casa pode desabar, que eu nem ligo. Nem para meu filhinho caçula eu ligo." Verifica-se aqui, no fragmento da fala de Mell, a identificação com traços da mãe, ao repetir com o filho o abandono que sofreu em sua infância, causado por sua mãe, tanto nas ocasiões em que esta

---

[7] QUINET, Antonio. *O inconsciente teatral*. Rio de Janeiro: Atos & Divãs, 2019.

"O que é ser mãe?"

se internava (com quadro depressivo) ou quando, mesmo estando em casa, ignorava a filha Mell. "Considero bom o tempo de depressão, até que resolvo sair, voltar à cena. Sinto uma dor que me causa prazer. Todo mundo se preocupa comigo e cuida de mim; meu marido e meus filhos, e até minha mãe cuida de mim! Eu só saio da depressão quando me canso de ficar deprimida. Acho que é uma forma que encontro para bancar a vítima." Este recurso que Mell utilizou por longos anos era uma forma de fazer-se de vítima, uma estratégia histérica para se tornar o centro dos olhares. Esta manobra cessa com o resultado do trabalho em análise. Ela mesma concluiu que, após a análise, era desnecessária a utilização da depressão, o que comprova que se tratava de fato de uma pseudodepressão. Atualmente, tornou-se uma profissional produtiva e bem-sucedida, conseguindo lidar com suas questões de outra forma, aprendendo a estabelecer uma relação possível com sua mãe.

Fica evidenciado pelo próprio fragmento apresentado que, apesar de o sujeito ter recebido da psiquiatria o diagnóstico de psicose, trata-se de um caso de neurose histérica. O sujeito traz a inscrição do significante do Nome-do-Pai, que é uma marca simbólica, é o significante que falta, que marca o gozo. O sujeito traz traços do pai na identificação ao sintoma, fazendo contas, e quando fazia depressão (pseudodepressão), esta era a maneira de se identificar com a mãe, deixando em abandono o filho, repetindo assim o que a mãe lhe fazia.

Ainda no texto sobre a "Sexualidade feminina", Freud argumenta que a menina desenvolve o sentimento de inveja do pênis, o *Penisneid*. Toda mulher padeceria dessa amargura que pode levá-la a desenvolver um rancor por sua mãe, justamente por esta não lhe ter concedido tal objeto. Se Freud afirma que a mulher é não-pênis, Lacan diz que a mulher é não-toda. Trata-se de um modo de falar da falta. Há o falo,

o significante universal do gozo, que pode se inscrever e não há outro significante do Outro gozo, o significante d'A Mulher. Esta parte do gozo é indizível. O sintoma vem fazer suplência para a falta que é estrutural.
Mas o significante que falta, não podemos substituir.

"Eu preciso retomar minha análise com você"

Júlia se mudou para outro país depois de um percurso de análise comigo. Foi feito um encaminhamento para outro psicanalista, com quem ela não deu continuidade. Depois de alguns anos, recebo um e-mail de Júlia, que demandava a retomada de sua análise. Ela mesma diz: "É possível retomarmos, eu daqui e você, do Brasil. Eu preciso retomar minha análise com você." Queixa-se de sintomas no corpo: dores fortes, enjoos, vômitos e empecilhos em seu trabalho na universidade. Sente-se impossibilitada de trabalhar e dormir direito. Na época, tínhamos *Skype* como recurso. Assim foi possível retomar o trabalho da análise de Júlia.

Com 30 anos, brilhante nos estudos, ativa, sempre com entusiasmo, Júlia de repente sente um bloqueio e não consegue continuar escrevendo sua tese de doutorado. Sente como se algo a amarrasse. "Fico chorando, com um medo de que não consiga identificar o quê, acompanhado de muita angústia. Só consigo ficar parada, sentada, sem vontade de fazer nada".

No decorrer da análise, o encontro de corpos pode ser dispensável. Para Freud e Lacan, o que funda a psicanálise é, acima de qualquer coisa, a transferência. Como temos frisado, Freud destaca que a transferência é o motor da análise. Não é o corpo; é a transferência, a constituição do Sujeito suposto Saber. E pode haver a constituição do Sujeito suposto Saber sem o encontro dos corpos, caso as sessões aconteçam virtualmente. Foi assim no segundo encontro com a psicanalista, quando a análise de Júlia, que estava vivendo em outro país, se deu pelo instrumento virtual[1]. Foram estabelecidos os encontros, dias e horário, assim como o valor das sessões.

Traz um sonho que se repete: um homem, uma mulher e uma menina. Os dois disputam a criança numa estrada que tem uma junção. Na disputa, a menina é puxada por um lado e, por outro, a mulher consegue fugir levando a criança. O homem fica sozinho do outro lado da estrada.

Numa repetição deste sonho, surge um olhar que toma um corpo de um homem que a sonhadora não consegue reconhecer, sentado e parado. Olhar estranho que olha e que vê. O ver-ser-visto. Júlia conhece bem aquele olhar. O olhar se transforma no olhar da psicanalista no corpo do homem sentado, parado. Escuta uma voz que pergunta: "De quem é esse olhar que olha e que vê?". Eis que surge a figura da psicanalista com seu olhar e sua voz. Na formação do inconsciente em questão, a menina é salva da disputa do homem e daquela mulher.

No sonho, Júlia encontra a psicanalista, que a olha e consegue livrá-la da disputa, faz uma barra, que faz presente através da pulsão escópica, do olhar, objeto *a*, causa de desejo, do qual deverá fazer semblante. O relato remete à associação livre, leva Júlia a se lembrar dos ditos da mãe acerca de como era o olhar do pai. Neste momento, ela entra em análise, pois a psicanalista passa a integrar sua história, seu sintoma e sua fantasia.

---

[1] Foi um atendimento virtual muito antes da pandemia, quando passaram a ser usuais as sessões on-line.

"Eu preciso retomar minha análise com você"

Lacan, ao tratar sobre a pulsão escópica destaca o objeto olhar: "o olhar se vê. Esse olhar que me surpreende, e me reduz a alguma vergonha, pois é este o sentimento que ele esboça como mais acentuado. Esse olhar que encontro de modo algum é um olhar visto, mas um olhar imaginado por mim no campo do Outro. O olhar cobre o desejo, o olhar desvenda o desejo e o desejo reduz o sujeito a nada"[2].

Na associação livre, como disse, Júlia traz os ditos da mãe sobre o pai. A mãe resolve separar-se do marido, pai de Júlia e se muda para outra cidade. Logo depois, o pai da criança "foi atrás por não suportar ficar longe" das duas que "ele tanto amava". A mulher monta para o marido "um negócio" ao lado da casa onde moravam, para ele gerir e não ficar ocioso. Entretanto, segundo a mãe, "ele fracassa", pois "ficava sentado sem vontade de fazer nada". A mãe saía para trabalhar e deixava a filha com a babá e o pai. Júlia consegue ter uma leve recordação do pai, de idas e vindas, das disputas entre os dois sobre qual ficaria com a criança ainda muito pequena. Isso ocorreu a partir da última repetição do sonho. Ela consegue "vislumbrar de forma tênue" o pai "sentado sem fazer nada", a não ser quando se levantava para lhe dar "um chocolate". "Ele não tinha vontade de fazer nada", por isso "o fracasso", reforçava a mãe em seus ditos.

Podemos verificar que Júlia se identificou com o sintoma desse pai, o "significante do pai fracassado, sentado sem fazer nada". Por isso diante das dificuldades em escrever sua tese de doutorado, ela repete o pai: "fica sentada sem fazer nada" e se sente bloqueada. A psicanalista lhe pergunta: "Quem ficava sentado sem fazer nada? Você não precisa repetir seu pai", ao que interrompe a sessão. Só se sabe se

---

[2] LACAN, Jacques. *O Seminário, livro 11: Os quatros conceitos fundamentais da psicanálise*. Trad. M. D. Magno. Rio de Janeiro: Jorge Zahar Editor, 1988, p. 84.

houve uma interpretação *a posteriori*, se intervenção surte um efeito analítico. Eis que há este efeito e o sujeito avança na sua análise.

A partir daí pudemos desenvolver um trabalho na análise: o psicanalista a dirigir a análise, a colocar o analisante para trabalhar. A identificação é o que cristaliza numa identidade, articula Lacan[3]. Há, para Freud, três modos de identificação: a primeira, à qualificação do amor, que é a identificação ao pai; a segunda, uma identificação feita de participação, que ele chamou de "identificação histérica"; e a terceira, a um traço, que Lacan traduz como unário. O traço unário, como sublinha Freud, não tem nenhuma relação especial com uma pessoa amada. É assim que Freud crê poder dar conta da identificação do bigodinho de Hitler que, como todos nós sabemos, representou um papel importante.

Atualmente, é possível realizar as sessões de análise *on-line*. A mais usada é pelo *WhatsApp*, o que não existia na época da análise de Júlia. Os únicos recursos eram o *Skype* e o telefone fixo. No caso de análises *on-line*, o psicanalista tem outros recursos. Quando o analisante entra em análise, na ausência do dispositivo do divã, o psicanalista poderá apagar sua tela, deixando seu vulto, ou seja, ficará com a presença de sua voz, objeto voz, pulsão invocante/ouvinte que traz o objeto olhar, pulsão escópica. É certo que, no atendimento presencial, existe todo um ritual próprio que abarca o momento da ida do analisante ao consultório, sua espera na antessala, a porta que se abre e é fechada pelo analista para início da sessão, a sala do analista, o divã, enfim, toda essa ambientação dos elementos presenciais. Em todo caso, a ausência desses elementos não impossibilita a condução das análises, como vimos, todos, nos tempos de pandemia.

---

[3] LACAN, Jacques. *Seminário 24: L'insu que sait de l'une-bèvue s'aile à mourre* (1976-77). Inédito. Aula de 16 de novembro de 1976.

Assim como no caso de Júlia, tivemos, na pandemia, muitos analisantes que trouxeram suas angústias, seus sintomas e suas fantasias — analisantes que nós pudemos escutar. Nesse contexto, a angústia individual e coletiva se fez presente, uma vez que todos se viram diante do significante morte, bem como da impossibilidade de saber até quando aquela situação poderia perdurar.

Contudo, foi possível dar continuidade às análises e receber também novas demandas em nossos atendimentos virtuais. Isso se deveu aos instrumentos virtuais, mas também ao desejo do psicanalista, que permite avançar e nunca recuar. Mesmo no tempo da pandemia, a psicanálise em intensão e em extensão se fez presente no trabalho dos analistas, cumprindo, com seu desejo advertido, seu compromisso ético e sua política.

Retomando, a analisante se via diante da impossibilidade de dar continuidade à escrita de sua tese, sentindo-se fracassada. Júlia repete o sintoma do pai. Um sujeito histérico identificado ao significante do pai fracassado. Seu sintoma é: ficar sentada sem fazer nada, como o pai. Com o trabalho de análise, o sujeito consegue avançar, terminar sua tese e ser aprovada no doutorado. Faz seleção na universidade, consegue aprovação e passa a professora.

Mais tarde, quando tudo parecia caminhar, o sujeito tem "uma recaída", volta o sintoma de "ficar sentada sem fazer nada". Não consegue sair de casa e ir à universidade. Ao mesmo tempo, se sente desamparada, sozinha em outro país, distante. "Solidão e desamparo voltam a assolar, longe, distante dos entes queridos, só tendo as recordações e o medo."

E corre o risco de perder seu trabalho como professora na universidade no país onde continuava a residir, mesmo depois de ter terminado seu doutorado. Vem o desamparo para complicar. É assim que Júlia traz de volta essas questões na sua análise.

Com o avanço do trabalho analítico, Júlia passa a "ficar sentada" quando necessário, para estudar e preparar suas aulas; retoma as atividades na universidade. O sintoma é o parceiro do sujeito. O sujeito não pode se desvencilhar de seu sintoma como se pensava: curar-se de seu sintoma. Sabemos bem que o sintoma é incurável. Uma análise vai do sintoma ao *sinthoma*. Do sintoma curável, metafórico, do início da análise ao *sinthoma* incurável real. Júlia precisa saber lidar com seu sintoma.

O corpo e a histérica

Freud iniciou o estudo da psicanálise a partir do corpo das histéricas — por sua vez, Lacan seguiu Freud. O nascimento da psicanálise está associado ao corpo que sofre e não encontra resposta na medicina. É o que Freud comprova com as histéricas e em primeiro lugar com Anna O. O sintoma era um enigma por se manifestar no corpo que se endereçava ao Outro da Ciência, sem encontrar uma resposta. A partir daí se dá o nascimento da psicanálise, uma vez que Freud descobre que os sintomas histéricos não têm localização anatômica, estão para além.

Freud assinala, a propósito da histeria, que o sintoma histérico do sofrimento do corpo é correlato ao inconsciente. O efeito terapêutico é a partir de uma decifração do inconsciente. Lacan afirma que "o falasser adora seu corpo, porque crê que o tem"[4]. É preciso ressaltar que o acontecimento no corpo é a existência de uma marca traumática infantil, que dá lugar a uma zona privilegiada do corpo onde se localiza o gozo.

---

[4] LACAN, Jacques. *O Seminário, livro 23: O sinthoma*. Trad. Sérgio Laia. Rio de Janeiro: Jorge Zahar Editor, 2007, p. 64.

"Eu preciso retomar minha análise com você"

Lacan observa que há um campo, designado por ele de "gozo do Outro", que serve para representar a relação que não existe. Faltaria dar corpo: dizer, ao gozo do outro ausente, onde o Imaginário seria a continuidade do Real. Continua explicando que o Imaginário faz parte do Real; o fato de corpos existirem faz parte do Real. Os corpos fazem parte do Real. Já o Simbólico, é o único que dá seu nó, fazendo disso tudo um nó borromeano.

O simbolicamente real não é realmente simbólico. O realmente simbólico é o Simbólico incluído no Real, o que tem efetivamente um nome: a isso chama-se mentira. O simbolicamente real, ou seja, o que do Real se conota no interior do Simbólico, é a angústia. O sintoma é real. É mesmo a única coisa verdadeiramente real. É exatamente por essa razão que a psicanálise pode, se tem chance, intervir simbolicamente para dissolvê-lo no Real[5].

Alíngua e o infantil

Lacan sustenta que "um sonho constitui um equívoco como um ato falho ou chiste, excetuando que a gente se reconhece no chiste porque ele comporta o que eu chamei de *alíngua*. O interesse do chiste para o inconsciente está ligado à aquisição d'*alíngua*"[6].

Na "Conferência em Genebra sobre o sintoma", Lacan concebeu o conceito de *alíngua* (ou *lalíngua*) e o definiu como detritos, restos de significantes que vão se depositando como aluvião no curso de aquisição da linguagem. Chegou a afirmar que a clínica psicanalítica consistiria em procurar o equívoco nestas primeiras palavras ouvidas. Na "Abertura da

---

[5] LACAN, Jacques. *Seminário 25: Momento de concluir.* Inédito. Aula de 15 fevereiro de 1977.
[6] LACAN, Jacques. *Seminário 24: L'insu que sait de l'une-bévue s'aile à mourre* [1976-77]. Inédito. Aula de 16 de novembro de 1976.

seção clínica", defendeu que cada sujeito tem o seu próprio inconsciente, dando ênfase ao modo como cada criança ouve os significantes do Outro materno[7]. Concebeu, portanto, *alíngua* como constituída dos significantes com os quais o sujeito entra em contato antes mesmo de poder discernir sua significação.

Tornar evidente o argumento de que o Simbólico se sobressai com a teoria do nó borromeano significa fazer um novo olhar sobre o fenômeno, distinto do seu uso na linguística. *Alíngua* é entendida pelo fato de que a linguagem é equívoca pois nos enganamos quanto ao significante. Verificamos, por exemplo, os equívocos de Dora e de Hans.

A partir daí podemos dizer que *alíngua* é o infantil. O infantil é esse efeito do significante no sentido de que este faz furo no Real. O infantil não é o romance familiar. O romance familiar, o complexo de Édipo, é um semblante. A lembrança de infância tem função de ficção. Não podemos confundir o infantil com a lembrança de infância. A infância são as fases do desenvolvimento que o sujeito passa (oral, anal, fálica e genital). O infantil é o que foi apartado do sujeito e foi recalcado. O inconsciente é o infantil. O infantil é *alíngua*.

O inconsciente é o infantil, aquela parte do eu (*self*) que fica apartada do sujeito na infância, que não participou dos estados posteriores de seu desenvolvimento e, em consequência, se tornou recalcada. Os derivados desse inconsciente recalcado são os responsáveis pelos pensamentos involuntários que constituem a sua doença. O infantil se define em função do tempo: tem a ver com um estado que permanece ao longo do tempo porque é da estrutura psíquica

---

[7] LACAN, Jacques. "Abertura da seção clínica". In: *Ornicar?* n. 9, 1977, [09/04/77], p. 714.

do sujeito. O infantil é o inconsciente. O infantil traduz este inconsciente manifestado através do sintoma[8]. Tanto em Freud quanto em Lacan, o infantil é visto como um elemento da estrutura do inconsciente que é devido à infância. A clínica vem demonstrar como o significante tem relação com o sintoma. Por esta razão, a análise remonta ao infantil, posto que é no âmbito do infantil que estão depositados os significantes primordiais. Se o infantil é esse efeito do significante, no sentido de que o significante faz furo no Real, então o infantil é esse furo no Real e não pode ser confundido com a lembrança da infância. O infantil não é o romance familiar. O romance familiar, o complexo de Édipo, é um semblante e tem estrutura de ficção.

A voz, o olhar e a transferência

Lacan afirma que a pulsão invocante, a voz, *traz* a pulsão escópica (olhar), o ver-ser-visto. Afirma que os ouvidos são os únicos orifícios que ficam abertos o tempo todo, eles não fecham[9]. A flecha da pulsão escópica, do objeto olhar, se volta para o sujeito — já a pulsão invocante/ouvinte, a voz, aponta para o que olha.

Lacan afirma que aquilo que vem do Outro da linguagem é, antes de tudo, uma forma vocal. É a pulsão invocante que está mais próxima do inconsciente. Alguns anos depois, situa a pulsão como "o eco no corpo do fato de que há um dizer"[10]. O eco no corpo é um dos nomes do Real do sujeito.

---

[8] FREUD, Sigmund. "Notas sobre um caso de neurose obsessiva" (1909) In: *Edição Standard Brasileira das Obras Psicológicas Completas de Sigmund Freud*, vol. X. Rio de Janeiro: Imago, 1980, p. 191.
[9] LACAN, Jacques. *O Seminário, livro 11: Os quatros conceitos fundamentais da psicanálise*. Trad. M. D. Magno. Rio de Janeiro: Jorge Zahar Editor, 1988, p. 184.
[10] LACAN, Jacques. *O Seminário, livro 23: O sinthoma*. Trad. Sérgio Laia. Rio de Janeiro: Jorge Zahar Editor, 2007, p. 18.

Como operador da análise, o objeto *a* se presentificará pelo ato do psicanalista, ou melhor, pelo desejo do psicanalista em ato. O olhar e a voz trazem a presença do psicanalista como semblante de objeto *a* no processo de análise. O objeto voz e o objeto olhar estão entrelaçados como objetos pulsionais. O olhar emana a voz e a voz emana o olhar. O importante no processo psicanalítico, no entanto, é a transferência, sem a qual não há análise.

O desejo do psicanalista se evidencia pelo Sujeito suposto Saber que suporta a transferência. Espera-se que o analista saiba como operar de forma conveniente e se dê conta do alcance das palavras para seu analisante, isto é, o que ele incontestavelmente ignora[11].

Bem sabemos que a transferência se encontra em três formas: no Imaginário, no Simbólico e no Real. A transferência imaginária, em que o psicanalista é apreendido como semelhante, uma pessoa, deve ser neutralizada para que ocorra a transferência a nível simbólico, ou seja, no campo da fala e da linguagem, que situa o psicanalista como lugar do inconsciente, o lugar do Outro. É aí que se dá a análise. Já o terceiro registro da transferência, o real, é relativo ao Real da presença do psicanalista, do encontro da *tiquê*.

A transferência é o que, da pulsão, desvia a demanda, enquanto o desejo do psicanalista é aquilo que a traz de volta. É assim que ele isola o *a*, coloca-o à maior distância possível do I, o Ideal, que o psicanalista é chamado a encarnar. "É dessa idealização que o analista tem de tombar para ser suporte do *a*, separador na medida em que seu desejo lhe permite, numa hipnose às avessas, encarnar, ele, o hipnotizado."[12]

---

[11] LACAN, Jacques. *Seminário 25: Momento de concluir*. Inédito. Aula de 15 de novembro de 1977.

[12] LACAN, Jacques. *O Seminário, livro 11: Os quatro conceitos fundamentais da psicanálise*. Trad. M. D. Magno. Rio de Janeiro: Jorge Zahar Editor, 1988, p. 258.

A transferência se estabelece na relação do sujeito com o psicanalista. Nesta relação, o sujeito reproduz com o psicanalista a relação neurótica que mantinha com o Outro. Acerca da dinâmica transferencial, Freud afirma que não é só repetição do passado e que a presença do psicanalista na direção da análise se torna importante para que a transferência seja uma colocação em ato, uma criação, e não uma simples reedição da neurose infantil. Assim, a direção é, ao mesmo tempo, uma mola e um obstáculo no trabalho da transferência.

Espaço, tempo e época: a análise na pandemia

Tanto num registro particular quanto social, tudo ocorre e transcorre em um determinado espaço, por algum tempo e em determinada época, fatores que se interligam em ocorrência simultânea. Isso não é diferente na psicanálise, de modo especial em nossos consultórios, onde por algum tempo, em certos dias, recebemos nossos analisantes. Na psicanálise, época, espaço e tempo não são mensurados em sua objetividade quantificável. Pelo contrário, tais aspectos são subjetivos porque são próprios a cada sujeito, revelados pelo inconsciente. Eles são trazidos como a verdade de cada um, desde o início da análise, na transferência, passando pelas sessões onde são narradas as agruras vividas, até o eventual final de análise. Competirá ao analista acompanhar, analisar e distinguir cada momento subjetivo e pessoal revelado pelo inconsciente dos sujeitos, que são a sua verdade, ocorrida em época, espaço e tempo para, a partir daí, dirigir análise e manejar a transferência.

A transferência como endereçada ao Sujeito suposto Saber é uma relação ligada a espaço, tempo e época. Para Lacan, o que se repete na transferência é algo da *tiquê*, é algo faltoso do encontro com o sexo. O ato analítico é uma resposta a esta estrutura que se opõe a algo falho que escapa à dimensão interpretativa. É dissimulação. Na verdade, não é falho, pois há um âmbito no qual é bem-sucedido.

Como temos sublinhado, para que haja análise é necessária a transferência, que implica na presença do analista, ou seja, o desejo do analista, que está na causa da transferência e que possibilitará o atravessamento das tapeações imaginárias. A transferência é ligada ao tempo e ao manejo do tempo, condição fundamental em uma análise. Há o tempo que se abre, o tempo de espera, tempo no começo que determina seu final e o final é o que estrutura o tempo.

E no tempo da pandemia? E as sessões on-line? Considero que haja a presença do analista com seu desejo advertido mesmo no tempo da pandemia, pois, por meio da tela, o analista se faz presente com sua voz (pulsão invocante) que traz seu olhar (pulsão escópica) no espaço real, tornando o trabalho de análise eficaz.

Com todos os limites que possam surgir, considero haver resultados positivos no atendimento *on-line*. O espaço virtual em que o analista e o analisante se encontram, embora diferente do espaço presencial, é um espaço real presentificado na tela pela imagem de ambos, pelas pulsões escópica e invocante. Cabe então ao analista conduzir a análise: o analisante fala de suas aflições e angústias e o analista, com sua escuta, faz as intervenções. Por vezes, afasta-se da tela, ora se faz presente pelo olhar e pela voz; realiza o corte, suspendendo a sessão. Enfim, conduz a análise escutando os relatos nos quais se manifestam sintomas, atos falhos e sonhos, as manifestações do inconsciente, e as interpreta, realizando seu ato.

"O analista, na posição de objeto *a*, oferece-se como ponto de mira para permitir a operação que segue em direção dos rastros do desejo de saber"[13]. Tanto o analista como o analisante precisam estar, para uma sessão virtual, em um local, por mínimo que seja, em que a privacidade de ambos seja resguardada e protegida, onde o analisante se sinta à vontade para seus relatos e manifestações e o analista para sua escuta e intervenções. O analista como efeito é aquele que, ao pôr o objeto *a* no seu lugar do semblante, está na posição mais conveniente para fazer o que é justo fazer, a saber, interrogar o que é da verdade. A análise veio anunciar que há um saber que se baseia no significante como tal[14].

Estamos escutando nossos analisantes. A psicanálise não pode ficar à margem dos acontecimentos que provocam incerteza, medo e impotência. A análise *on-line* já vinha acontecendo para alguns como excepcionalidade, mas agora se tornou imprescindível. Eu mesma vinha tendo experiência no atendimento virtual de sujeitos já em análise que residiam em cidades distantes. Em seguida, alguns fizeram esta demanda no tempo de pandemia.

Temos compromisso ético de dar continuidade aos atendimentos da clínica nas sessões de análise, diante da angústia do sujeito e de suas demandas. Estas são, afinal, o objetivo e a razão de todos os nossos trabalhos e do desejo do psicanalista, que se demonstra somente por haver produzido a diferença absoluta em um analisante.

A angústia é real. Freud, em "Inibição, sintoma e angústia", relaciona a angústia com o perigo e o desemparo, o que descreve como situação traumática: angústia como um sinal, uma ameaça da perda de um objeto. Freud pontua que a angústia se manifesta em forma de medo, de um perigo

---

[13] LACAN, Jacques. *O Seminário, livro 17: O avesso da psicanálise* (1969-70). Rio de Janeiro: Jorge Zahar, 1992, p. 99.
[14] *Idem*, p. 129.

eminente ou julgado real[15]. Continua explicando que a angústia é a reação a esse perigo, que se trata de um afeto de desprazer que tem aspecto próprio em função das experiências traumáticas infantis. Lacan retoma este texto de Freud no seminário *RSI* e afirma que a angústia parte do Real, é traumática: ela faz um nó nomeando o Real.

Não podemos recuar e nos deter. Temos de prosseguir e tornar possível a análise *on-line* nestes tempos de pandemia. O que virá depois? As análises e o ensino através dos instrumentos virtuais continuarão? São perguntas que faço, difíceis de prever e de responder.

---

[15] FREUD, Sigmund. "Inibição, sintoma e angústia" (1926 [1925]). In: *Edição Standard Brasileira das Obras Psicológicas Completas de Sigmund Freud*, vol. XIX. Rio de janeiro: Imago, 1980, p. 131.

"Você vai me deixar ficar aqui?"

Na clínica com crianças, esbarra-se em dois problemas, dois desafios, sendo apenas o desejo do psicanalista o que permite avançar no trabalho. Estes problemas são:

1. a demanda do sujeito-criança sempre vem do outro, geralmente dos pais, da escola ou do médico. Ela vem trazida pelo outro, "não sabendo para onde vai", nem o "que querem dela". É preciso que o analista consiga que a própria criança faça a demanda para começar o trabalho. A demanda da psicanálise com o sujeito-criança é diferente daquela do sujeito-adulto, que vai por si mesmo, paga suas próprias sessões e é responsável pela sua análise.

2. a análise bem conduzida é frequentemente interrompida, não pela criança, mas pelo outro, pelo adulto responsável por trazê-la ao consultório, por pagar as sessões. A criança depende do Outro para que possa dar continuidade à sua análise. A análise com crianças se torna mais difícil porque o analista tem que manejar a transferência também com os pais, apesar de saber que a criança traz seu próprio sintoma e sua própria fantasia, são diferentes daqueles dos pais.

Tendo em vista o problema da demanda, surgiu a seguinte questão relativa ao sujeito-criança: como aceitar a criança que é trazida por outro? Como aceitá-la em análise, se ela própria não chega com uma demanda? Se a demanda sempre vem dos pais, da escola ou de médicos — enfim, de outros, nunca da própria criança —, deveria o analista tentar criar a demanda e, só assim, aceitar o sujeito-criança em análise?

O que é uma demanda? É um pedido de análise que sempre chega com uma transferência. Esta, segundo Lacan, está ligada no início a um significante qualquer (traço) endereçado a um analista qualquer, o qual, por esta escolha e em função deste significante, deixa de ser um qualquer para se tornar um analista especial.

A criança geralmente é levada pela mãe ao consultório de um analista. O sujeito-criança é assim levado por outro a outro, cuja demanda vem do Outro, isto é, do campo da linguagem. Esta criança ainda não demandou nada, não sabe aonde vai, não sabe o que quer e o que querem dela. O seu desejo é o desejo do Outro. Ela é apenas um objeto de desejo do Outro. É marcada uma entrevista com alguém que ela não sabe quem é, um "analista qualquer", que ela não escolheu; ela não pediu para ir até essa pessoa, não sabe por que nem para quê está sendo levada ali. Este é um encontro que, na verdade, é um encontro faltoso, uma *tiquê*.

Na clínica com crianças, é importante não recuar nem tampouco se precipitar. É preciso ouvir a criança, verificar se há demanda por uma análise e se ela a dirige a este analista que foi escolhido pelo Outro. É preciso transformar o sintoma inicial, a queixa, em uma demanda endereçada ao analista. Cabe ao analista aceitá-la caso exista, também da parte dele, um desejo — desejo de dirigir a análise da criança, transformando sua demanda em questão, em desejo. Se houve a demanda dirigida ao analista, e este a

"Você vai me deixar ficar aqui?"

aceitou, a partir daí poderá se iniciar o trabalho de análise do sujeito-criança.

A outra questão, para o analista, é do registro da impossibilidade: é quando ocorre a interrupção do processo analítico da criança pelos pais, ou por um dos dois, de quem o analisante depende para ser levado ao analista, para dar continuidade ao processo e para pagar as sessões.

Até que ponto será possível que o analista calcule, a partir da demanda vinda de outros, as entradas e as saídas na psicanálise com crianças?

Fragmentos de casos clínicos

Saídas causadas pelos pais

Minha experiência evidencia alguns fatores que causam a saída de crianças da análise antes da hora. Algumas saídas me tocaram mais, especialmente dois casos de interrupções que descrevo a seguir.

Primeiro caso clínico

O de um pequeno obsessivo de sete anos que foi encaminhado por uma médica neurologista com o seguinte registro: "Trata-se de uma criança muito inteligente com desajuste social, atuando o tempo todo em casa, na escola e em todos os locais por onde passa. Considero que uma análise pode ajudá-la." Durante o processo analítico houve um grande progresso, mas era ainda necessário dar continuidade ao trabalho. Porém, os pais tiraram a criança porque concluíram que "o filho estava ótimo e não precisava mais de análise, tinham de economizar." Não consegui demovê-los de sua decisão.

Segundo caso clínico

Uma pequena histérica de cinco anos foi encaminhada pela direção de uma escola com o seguinte relato: "A aluna é uma criança imatura, com dificuldade de aprendizagem, muito agitada, perturbando a professora e os colegas o tempo todo." A tia a tirou no início do trabalho porque dizia que a filha não era dela, era de sua irmã, era um peso para a família e eles não iriam gastar dinheiro com ela. Enquanto a criança dizia: "Ela é minha mãe", a tia dizia: "Ela não é minha filha. Meu marido não a suporta. Não sei como me livrar dela." E a criança se dirigia à analista dizendo: "Você me quer? Você vai me deixar ficar aqui?". Em outros momentos: "Você vai me mandar embora?"

O analista que trabalha com crianças tem que manejar a transferência com ela e com os pais, ou ao menos com um deles, sendo que cada sujeito envolvido tem seu sintoma e a sua fantasia. Ouvir os pais requer trabalhar a transferência com eles e, assim, poder prosseguir a direção da análise. É necessário ter em vista que o sintoma e a fantasia da criança são somente dela, pois são singulares a cada sujeito.

Saídas motivadas pelas crianças

Tive também a experiência em dois casos clínicos nos quais constatei que as crianças concluíram suas análises.

Primeiro caso

Trata-se de uma criança que começou sua análise aos sete anos, concluindo-a aos doze anos. Foi um caso em que houve grande progresso, apesar das dificuldades encontradas pela analista para levar esta análise até o final. O trabalho foi publicado na *Revista de Psicanálise Forano*, sob um título advindo da fala do sujeito na sua última sessão: "Quero olhar para a rua".

Segundo Caso

A criança foi ao consultório uma única vez aos três anos, retornando aos cinco anos e permanecendo até os doze

"Você vai me deixar ficar aqui?"

anos. Houve nessa análise avanços e, posso afirmar, uma conclusão lógica, um final possível na psicanálise com crianças. O trabalho foi publicado na *Revista Marraio*, novamente tendo por título uma fala do analisante: "O menino de penas".

Serão estes dois casos que nos ocuparão nos próximos capítulos.

"Quero olhar para a rua"

Carol foi encaminhada pelo serviço de orientação pedagógica de sua escola, que supunha, em mim, um saber para fazê-la voltar a escrever. Tratava-se de uma menina muito inteligente e esperta, com um vocabulário rico e uma linguagem fluente, que lia e escrevia bem e era brilhante na escola até que, de súbito, para de escrever e passa a fazer traços e rabiscos. O desencadeamento desse sintoma parece ter ocorrido depois de perceber que seu nome estava incompleto, que não portava o nome do pai.

O laço social

Carol nasceu de um encontro fortuito de sua mãe com um colega de universidade e em uma conjuntura bastante desfavorável, a saber, a separação de seus avós maternos. A criança conviveu com o pai até a idade de 4 anos; ele a visitava regularmente na casa da avó, que agora estava casada de novo com vovô Paixão. Em seguida, o pai de Carol a abandonou. Ela traz o último encontro com o pai: "Eu fui passar o dia com papai na casa de meus avós paternos. Eu tinha quatro anos. Estávamos na sala, então papai me pediu para sair porque iria atender o telefone e precisava ficar só. Saí. Após o telefonema, pegou uma bolsa e foi embora, nem olhou para mim. Ele me abandonou. Deixou-me sozinha. Nunca mais me procurou. Nem o número do telefone deixou." É na escola que Carol começa a observar que seu nome é mais curto que o de seus colegas, pois não consta o nome do pai. A partir dessa observação, para de escrever. O parar de escrever tem alguma relação com parar de escrever seu nome curto, amputado do nome do pai, que, por decisão de sua mãe não "aparecia" em seu registro. Carol passa a enunciar, com seu sintoma, a carência do nome do pai. Diante dessa conjuntura, a mãe de Carol demanda a assunção da paternidade, mas seu pai recusa-se a ofertá-la.

Certo dia, em uma sessão que precede as férias da analista, Carol traz um sonho. No sonho, a analista pega uma mala, entra no ônibus, nem olha para ela, e vai embora. A criança grita, chama-a, chora. A analista a abandona, nem deixa o número do telefone. Parece-me que, nesse momento, Carol faz sua entrada em análise. Ela implica a analista na fantasia e no seu sintoma. O olhar como objeto *a*, eleito por ela, o olhar do pai que se desvia, que não a olha, o olhar vazio. No sonho, o sujeito histérico inventa um pai. A associação do sonho mostra que ela fabrica um pai, cria um pai. Ao longo do seminário 17, *O avesso da psicanálise*, Lacan constrói a ideia de que a histérica alimenta o pai. O pai é a produção do discurso histérico, esse pai que é o pai do amor e que é o pai idealizado. É por situá-lo assim que ele vai situar, na figura desse amor, o saber como estando do lado desse Outro. Temos a articulação do pai idealizado, aquele pai que vai produzir o saber, na figura do Sujeito suposto Saber. Disso advém esse giro que Lacan vai chamar de histerização: ele sai do discurso do mestre para o discurso da histérica, em que alguém vai ser chamado.

Carol parece consentir que falar pode levá-la a parar de não escrever, parece conceber que parar de escrever é algo que tem a ver com a fala, dado que aceita de bom grado a regra fundamental da psicanálise e sobre a qual conclui: "Vou falar e você vai me ouvir sem me ver, vou funcionar como um rádio."

Podemos ver que o discurso da histérica mostra claramente que há um apelo ao Outro para completar o sintoma: como afirma Lacan, o analista completa o sintoma, pois no início da análise, está situado no lugar do Outro. "Completar o sintoma" é se colocar no lugar do endereçamento desse sintoma. O sintoma de início (parar de escrever), dirigido à analista, precipita-se, portanto, em um sintoma analítico (funcionar como um rádio); há o desencadeamento do sintoma determinado pela posição subjetiva, desde a entrada até o final da análise.

Carol traz a questão de que tem uma semana para voltar a escrever. A orientadora pedagógica e a professora conversaram com sua mãe dizendo que a recuperação se iniciaria e duraria uma semana, que era o prazo para a menina voltar a escrever. Ela chora dizendo que precisa escrever e não sabe como fazê-lo. "Eu sei que sei escrever, mas não consigo, é como se estivesse toda amarrada. Eu queria tanto escrever! Eu sei que você sabe o porquê. O que eu faço para escrever?". A analista pergunta: "O que você quer?". Ela responde: "escrever." A analista interrompe a sessão dizendo: "Então, escreva!".

Na semana seguinte ela chega dizendo: "Agora já posso escrever. Eu passei na recuperação e fiz provas de seleção em três colégios e passei também. Isso porque já posso escrever." Quando o sujeito se dirige à analista e diz "Eu sei que você sabe o porquê (do fato de que não escrevo). O que eu faço para escrever?", coloca-a no lugar do Sujeito suposto Saber. Faz uma demanda dirigida a esta analista que, ao responder: "O que você quer?" (o que você deseja?), remete o sujeito ao seu desejo, transforma a demanda em desejo. Carol queria escrever, mas gozava com o sintoma "parar de escrever". E a analista remete-a ao desejo: "Escreva!"

O sujeito histérico vai colocar o saber na figura desse Outro do amor. Articula o pai idealizado, aquele pai que vai produzir o saber, na figura do Sujeito suposto Saber. Situa o Outro nesse lugar daquele que é Um do amor a quem o sujeito dirige sua demanda. Demanda que, uma vez frustrada pelo analista, coloca o sujeito a responder com o saber. Nesse momento, encontramos o sujeito no discurso da histérica, que vai criar a figura do Papai-sabe-tudo, o "'papai-sabe-tudo' que é a figura do Sujeito suposto Saber e que o analista vai ser chamado a encarnar e que mostra a potência do pai, que tem algo estrutural nisso. Não é apenas imaginário. É a potência criadora, criativa do S_1."[1].

Ficções do gozo fálico

Os passos seguintes da análise de Carol consistem na elaboração de ficções que Freud chama de "teorias sexuais infantis". Começa por introduzir a questão da relação entre criador e criatura: "Quem criou Deus? Deus criou os anjos bons. Os anjos maus, não sei quem os criou. Eles têm outro nome: demônios. São vermelhos, enquanto os anjos bons são brancos. Também sei de onde vêm as crianças: a mulher encontra o homem, namoram e se casam. Isto é certo. Também podem namorar e não se casar. Isto não é certo. Têm relação sexual, nasce uma criança. Na relação sexual, encontram-se o espermatozoide e o óvulo. O mais esperto penetra no óvulo." A ficção do criador e da criatura mostra bem a ficção histérica de fazer existir a relação sexual entre os dois

---

[1] QUINET, Antonio. *As estruturas clínicas no Campo do Gozo: discurso histérico.* Seminário ministrado em 2000, Belo Horizonte-MG. Inédito.

significantes, S_1-S_2. A cópula entre o homem e a mulher, entre os dois significantes, "mole" e "esperto", que são trazidos a partir do óvulo: "mole" é o significante da transferência e o espermatozoide, como significante "esperto", é o significante qualquer que é dirigido ao analista, o qual detém um saber sobre como fazê-la deixar de ser mole para se tornar esperta. O S_1 é o significante-mestre que comemora a irrupção de um gozo.

O significante da transferência é um significante distinto, é aquilo acerca de que o sujeito vai se perguntar "O que isto quer dizer?". O sujeito procurará a resposta em um analista. O significante da transferência leva o sujeito a buscar, naquele analista, um significante qualquer que venha responder o que aquilo quer dizer. No entanto, o analista não é como o significante da transferência. Lacan dirá que o analista é um significante qualquer diferente do significante da transferência. É um analista qualquer, particular, um entre outros que é escolhido. "Mole" é o significante da transferência de Carol, o significante qualquer é "esperto". É a partir desse significante que Carol faz o apelo ao analista, ao que tem um saber sobre como fazer com que deixe de ser mole e fique esperta: "Eu queria tanto deixar de ser mole e ficar esperta. O que eu faço para deixar de ser mole? Você é uma analista muito esperta. Eu sei que você sabe." Na escola disseram que este analista (esperto) sabia algo para fazê-la voltar a escrever. O sintoma do sujeito dirige-se ao significante-mestre, ao S_1, à analista que poderia fazê-la ficar esperta.

Queixa-se de ficar isolada no colégio: "Ninguém gosta de mim. Eu fico sozinha. Eu queria brincar, mas ninguém liga para mim nem me olha". Até que um dia, chegou dizendo: "Eu montei uma estratégia legal para meus colegas me verem e gostarem de mim". Explica que isso se tornou possível quando verificou que, na escola, todas as funções

"Quero olhar para a rua"

já estavam ocupadas pelos colegas. A é mais inteligente; B é o líder; C é a esperta; D é a mais mole; ela estaria sem uma função. Então, resolve escolher a função de esperta e começa a se enturmar: de início, aproximando-se dos colegas da Kombi e, em seguida, brincando com os colegas de esconde-esconde, queimada, pega-pega e vôlei. Durante as brincadeiras, coloca o pé por baixo das pernas dos colegas, derrubando-os, um a um, para em seguida oferecer-lhes a mão para ajudá-los a se levantarem com um sorriso nos lábios. Os colegas, contentes, ficam agradecidos pela ajuda e retribuem o sorriso. A partir daí, tenta deixar de ser tímida, excluída, tornando-se líder na escola.

Carol monta uma estratégia histérica: derrubar os colegas para depois os levantar, oferecendo-lhes a mão com um belo sorriso. Nessa manobra de sedução, a histérica joga com o olhar como no jogo de esconde-esconde. Provoca o olho do Outro, que procura ver o que ela não tem, mas finge que tem. Trata-se de um logro que é presente na esquize do olhar e da visão, e que é desvelado no discurso da histérica. Essa encenação tem uma outra vertente, que é a de cativar o Outro, mostrando que o objeto agalmático está do lado do sujeito e não do lado do Outro.

A histérica quer ser o centro dos olhares. O olhar se situa do lado do sujeito histérico e a visão do lado do Outro, ou seja, do mestre. O sujeito mostra que inventa um mestre, porém sempre castrado. Há um gozo que se encontra do seu lado, mas o sujeito não tem acesso ao gozo, que é o gozo da privação. Isso parece um avanço que Lacan faz sobre a sexualidade feminina, revelado o discurso da histérica. É o famoso gozo da privação, gozo de ser privado, que é como Lacan resume o *Penisneid:* inveja/desejo do pênis sobre o qual teoriza Freud em seus estudos da sexualidade feminina.

Na análise com crianças, sabemos, não há o encontro com o Outro sexo. Contudo, é possível haver uma conclusão lógica: Carol se levanta do divã, abre a janela, olha para a rua e enuncia: "Estou olhando as pessoas na rua. Vou te deixar, não preciso mais de você como analista. Vou precisar ocupar meu tempo para aprender informática e inglês."

"Posso ficar com você?": O menino de penas[1]

Este capítulo traz o fragmento de um caso clínico de um menino que, aos três anos de idade, esteve com a mãe no consultório da analista por duas vezes, retornando mais tarde. Na época, a criança foi trazida apesar da discordância do pai que, durante todo o processo, dizia não acreditar "nesse tipo de tratamento". O sujeito permaneceu em análise até a sua conclusão, aos 12 anos de idade.

Como afirmado anteriormente, diante da clínica com crianças é importante não recuar nem tampouco precipitar-se quanto a aceitar possíveis analisantes. É preciso ouvir a criança, verificar se há demanda de uma análise e se ela se dirige ao analista que foi escolhido pelo Outro. Faz-se necessário transformar o sintoma inicial, a queixa, em uma demanda endereçada ao analista. Cabe ao analista aceitá-la, caso exista também da parte dele um desejo de dirigir a análise da criança, transformando sua demanda em questão,

---
[1] Este caso clínico foi publicado em MARRAIO, Revista interdisciplinar de psicanálise com crianças, n. 18, 2009. Rio de Janeiro: Formações Clínicas do Rio de Janeiro, 2009. p. 35-39. [Nota da editora: o texto sofreu algumas modificações para a presente edição.]

em desejo. Se houve a demanda dirigida ao analista, e ele a aceitou, a partir daí poderá começar o trabalho de análise do sujeito.

O sujeito retornou aos cinco anos, quando iniciou de fato a análise. Na primeira entrevista, a analista lhe disse que iria encaminhá-la a um colega; diante disso, a criança solicita: "Posso ficar com você? Eu quero você porque é bonita e tem os cabelos compridos e bonitos. Um dia eu também vou ter os cabelos lindos como o seu e de minha mãe". A analista escutou e acolheu a demanda da criança — a demanda dirigida àquela analista foi: "Posso ficar com você?" Em outro momento, diz o sujeito: "Todo mundo ri de mim. Por que só tenho isso de cabelos? O que eu faço para ficar com os cabelos compridos e bonitos como os seus?". A analista pôde ouvir o desejo do sujeito por trás da demanda: ter, um dia, os cabelos bonitos.

O sujeito sempre desenha uma mulher de cabelos compridos e uma ave. A analista pergunta: "Quem é esta mulher e esta ave?". O sujeito responde: "Esta é a mãe e este é o seu filho, ele é um menino de penas." A analista continua: "De penas?". Ele responde: "De penas. Você sabe fazer o menino ficar sem penas e bonito?". Assim, por longo tempo, continua desenhando "um menino de penas". A analista pergunta: "Quem é este menino de penas?" Ele fica em silêncio, depois responde: "Sou eu. Todo mundo ri de mim. Eu quero ficar bonito como as outras crianças. Você me ajuda a ficar bonito como as outras crianças? Você me ajuda a ficar com os cabelos bonitos como os seus?"

O sujeito traz o significante da transferência, "cabelos feios", que se dirige ao significante qualquer do analista, "cabelos compridos e bonitos". O significante da transferência é distinto para cada sujeito, trata-se daquilo acerca de que o sujeito vai se perguntar: "O que isto quer dizer?". A partir desse significante qualquer do analista, o sujeito

"Posso ficar com você?": O menino de penas

supõe no analista um saber de como fazer para seus cabelos crescerem e ficarem bonitos. Nesse momento, ele coloca o analista no lugar do Sujeito suposto Saber, que é um efeito da composição analista-sujeito, uma vez que o saber suposto não sabe, de fato, nada. Contudo, isso não autoriza em absoluto o analista a contentar-se com o saber que não sabe nada. É necessário que o analista ocupe esse lugar, ofereça-se e faça semblante de que contém o saber, pois esse é o caminho que dá acesso a ele. No final, o analista cai dessa posição para ser reduzido à função de causa de desejo, ou seja, fazer semblante do objeto *a*.

À medida que a analista escuta, constata que o significante "penas" tem a ver com o que o sujeito sentia em relação ao seu próprio corpo, que era coberto de peles que se soltavam: para a criança, era como se fosse coberto de penas, como as aves. Sentia-se diferente de outras crianças. Só tinha a metade dos cabelos (na cabeça), os olhos não tinham cílios, o que impedia que dormisse de olhos fechados e fazia com que seus olhos estivessem sempre vermelhos; as mãos não abriam, pisava de lado ao andar e tinha as orelhas grudadas, o que fazia despertar pena no olhar da mãe e de outras pessoas. Na época, segundo vários especialistas, não havia tratamento que pudesse melhorar ou curar suas questões de saúde. A mãe muitas vezes tinha de brigar e tomar providências devido à rejeição nas escolas por parte das crianças, dos pais e, por vezes, até da direção de algumas instituições, casos nos quais a mãe teve de apresentar atestado médico para comprovar que o problema de saúde não era contagioso.

A imagem corporal do sujeito era a de um corpo coberto de penas, que tinha a ver com o real de seu corpo, despertando o olhar de pena, a começar pelo Outro materno. A mãe dizia que "a vida toda tinha que defender o filho da rejeição e do olhar de outras pessoas, na escola, na família ou na rua, e que já estava cansada". Durante o processo de análise, o sujeito, depois de longo tempo a desenhar aves, passou a desenhar leões e depois cavalos. Cada tema durava longo tempo. Ao entrar no consultório, pedia papel e lápis. Enquanto desenhava ia falando: "Veja esta galinha, é um menino de penas." Gavião: "é uma ave em extinção." Depois: "Olha os cabelos deste leão! Quando ele corre, os cabelos voam ao vento, ele é um líder." Os cavalos: "Olha os cabelos compridos dos cavalos! Um dia terei os cabelos como os deles, compridos e lindos. Eu serei livre e admirado por todos, mas o que eu queria mesmo é voar."

Gerbase, em sua palestra, refere-se ao duplo sentido de lalíngua: denotativo e conotativo[2]. No caso em questão, "penas" tem um duplo sentido: denotativo, referindo-se à ausência de seus cabelos, e conotativo, para se referir ao olhar de pena do Outro encarnado na figura materna de modo especial. "O Um encarnado na lalíngua é algo que resta indeciso entre o fonema, a palavra, a frase, mesmo todo o pensamento. É o de que se trata no que chamo de significante--mestre"[3]. Na "Conferência em Genebra", em 1975, Lacan diz que o significante de lalíngua é uma palavra ouvida errada, um equívoco, um mal-entendido. Afirma que um analisante fala de sua família porque foram seus parentes próximos que lhe ensinaram lalíngua. O significante de lalíngua, ou seja, o assemântico, nos termos de Freud, seria o recalcado originário. Em Lacan, um S_1 assemântico é uma espécie de suposto último e, como real, sem nenhum sentido.

Trata-se neste caso de sintomas físicos que não poderiam ser classificados na dimensão real do sintoma no corpo pois

---

[2] GERBASE, Jairo. *Eles só falam dos parentes próximos*. Conferência na Seção--Salvador da EBP. 12 de setembro de 1996. Inédito.
[3] LACAN, Jacques. *O Seminário, livro 20: Mais, ainda*. Trad. M. D. Magno. Rio de Janeiro: Jorge Zahar Editor, 1985, p. 196.

o sintoma real é irreal, é apenas um significante tomado como Coisa, no lugar da palavra. Assim como os olhos tortos da paciente de Tausk: "Aqui a manifestação oral esquizofrênica exibe uma característica hipocondríaca; tornou-se fala do órgão"[4].

No caso do sujeito em questão, contudo, não se trata de um sintoma psicótico. Podemos verificar que não se trata, tampouco, de um sintoma histérico, que estaria situado na dimensão imaginária de um sintoma conversivo, simulação de um sintoma no corpo. Também não se trata de um sintoma na dimensão simbólica, do sintoma no corpo que incide sobre o pensamento chegando até provocar somatizações, como testemunha o obsessivo, ou em que "uma estrutura, a da linguagem [...] recorta seu corpo, e que nada tem com a anatomia"[5], como testemunha a histérica. Essa cisalha chega à alma com o sintoma obsessivo: pensamento com o qual a alma fica embaraçada, não sabe o que fazer. Portanto, verificamos que não se trata de hipocondria, nem de conversões, nem de somatização.

De que se trata? Trata-se de sintomas físicos reais que produzem no sujeito um embaraço em ter que lidar com o corpo disforme. Não podemos explicar na ordem do Real, do Simbólico e do Imaginário, pois se trata de sintomas físicos reais que provocam sentimento de vergonha, que colocam o sujeito em situações de constrangimento e de discriminação.

À medida que a análise avança, o sujeito obtém novas conquistas, podendo assim bancar seu desejo. Houve muita troca de escolas. Após algum tempo de análise, conseguiu

---

[4] FREUD, Sigmund. "O Inconsciente". (1915). In: Edição Standard Brasileira das Obras Psicológicas Completas de Sigmund Freud, vol. XIV. Rio de janeiro: Imago, 1980, p. 191.
[5] LACAN, Jacques. Televisão (1974). Trad. Antonio Quinet. Rio de Janeiro: Jorge Zahar Editor, 1993, p. 19-20.

uma escola onde foi aceito como ele era, sobressaindo-se como um dos melhores alunos e despertando admiração e respeito. A partir daí, pôde demonstrar sua capacidade intelectual, passou a ser admirado pelo seu brilhantismo nos estudos e conseguiu enturmar-se.

Certo dia resolveu aplicar seu tempo para fazer um curso de desenho. Chegava com lindos desenhos e os oferecia à analista. Dizia que, um dia, seria um artista. Depois, começou a ter aulas de teclado também. Relatava sentir-se muito contente por estar aprendendo desenho e música. Aos poucos, o olhar de pena do Outro já não lhe importava, pois ele olhava outro horizonte, seu futuro, no qual seria um menino realizado com a música e o desenho.

Durante o processo de análise, resolveu sua questão do "menino de penas", ou seja, do sentimento de pena que percebia no olhar do Outro. Vê em um programa de TV outro menino com problema de saúde idêntico ao seu e que conseguira se curar com determinado médico. O sujeito lutou junto à mãe para levá-lo ao mesmo médico para se tratar. Com a recusa da mãe por falta de recursos da família, o sujeito sugeriu que ela fosse à TV relatar o "problema" e pedir que se fizesse uma campanha a seu favor. Assim, foi feita a campanha. Conseguiram levantar recursos através de doações de particulares e de empresas, e a criança pôde se tratar com o médico citado na reportagem. Após dois anos, através de várias intervenções cirúrgicas, curou-se. Apareceu no consultório muito contente dizendo: "Veja! Meus cabelos estão muito bonitos. Agora não sou mais diferente dos outros, as pessoas não mais me olham com pena. Estou contente".

A partir de seu desejo, o sujeito pôde lutar e procurar os meios necessários para vencer a discriminação e as situações de constrangimento. Passou pelas cirurgias de reconstituição estética e conseguiu modificar sua relação narcísica com o corpo (a que habitualmente se chama de autoestima) e, dessa forma, estabelecer laços sociais de maneira satisfatória.

Na análise com crianças, segundo Colette Soler, não há encontro com o Outro sexo — é possível, porém haver uma conclusão lógica[6]. O sujeito se despede da analista dizendo: "Não precisarei mais voltar ao seu consultório, estou muito ocupado com as aulas no colégio, de desenhos e de teclado. Ainda serei um artista, farei lindos quadros." Foram as palavras com que concluiu sua análise.

---

[6]SOLER, Colette. *Artigos clínicos*. Trad. Helena Lopes. Salvador: Editora Fator, 1991.

parte 3

O gozo, o amor e o real

"Outro, que tenha um olhar sacana e maldoso"

Este capítulo visa refletir sobre como o amor é um semblante que se constitui como verdadeiro laço social. A mitologia sobre Eros trata o tema do amor com uma ficção segundo a qual o ser humano teria perdido uma metade e viveria a procurá-la para voltar a ser completo. Freud afirma que o "ser humano" busca amar e ser amado na esperança de encontrar a felicidade. Diz também que a perda do amor para a mulher, ou do objeto de amor para o homem, constitui uma das fontes de infelicidade e desamparo[1]. Já para Lacan, amar é dar o que não se tem. Para ele, as mulheres ensinam sobre esta questão quando dirigem aos parceiros a demanda de declararem, em palavras, o seu amor por elas: para amar, é preciso falar, e é através da fala que nos deparamos com a falta-a-ser.

O caso que ilustra este capítulo é o de uma mulher de 35 anos que, ao chegar, queixa-se da insatisfação no casamento. Relata que, apesar de o marido ser um homem que

---

[1] Cf. FREUD, Sigmund. "O mal-estar na civilização" [1930 [1929]]. In: *Edição Standard Brasileira das Obras Psicológicas Completas de Sigmund Freud*, vol. XXI. Rio de janeiro: Imago, 1980.

satisfaz todos seus desejos, no entanto, ela vive insatisfeita, procurando outro que tenha um olhar sacana e maldoso que a fascinou. Trata-se de uma forma de falar da falta e é desta falta constitutiva que o sujeito vem se queixar em sua análise. O homem que ela tem não a faz toda. O sujeito, então, fica em procura incessante de um olhar que venha suprir sua insatisfação.

"Ele me dá tudo. É o homem com que toda mulher sonha, que satisfaz todos meus desejos, e eu continuo insatisfeita. Estou sempre à procura de outro, que tenha um olhar sacana e maldoso." É desta forma que o sujeito chega enunciando sua insatisfação e seu sofrimento. O marido é lindo, elegante, atencioso, leva-lhe todos os dias flores, presentes e joias, mesmo assim ela não o deseja. Continua a falar: "O que eu procuro é um homem que não me olha, que finge não me ver, que parece ter tudo o que eu quero, mas que sei que não tem e que eu quero mesmo assim. Um olhar vazio, que desvia e perturba. É um olhar do outro homem que me fascina e causa prazer, é o que eu desejo."

É desta forma que o sintoma se enuncia — a insatisfação — principalmente no amor. Aqui, podemos ver bem a forma como se expressa a insatisfação do sujeito que está dividido pela linguagem. Por isso, parece possível dizer que se trata de um sujeito histérico, aquele que necessita criar para si o desejo insatisfeito. Se o amor é um semblante que se constitui como o verdadeiro laço social, a histeria é esse laço social.

A insatisfação é um modo de falar da falta. O homem que ela tem não a faz toda. Daí advém a sua procura incessante de um olhar de Outro que venha extinguir sua insatisfação, o que é impossível. Como diz Lacan, trata-se da forma que o neurótico encontra de fazer amor ou de fazer toda sorte de coisas que se parecem com amor. Se Lacan parece hesitar em dar a essa relação que o sujeito pode ter com o objeto de fantasma o nome de amor, é porque, nela, o que se constitui

"Outro, que tenha um olhar sacana e maldoso"

é muito mais uma forma de gozo do que propriamente uma relação de amor. O fantasma é essa tentativa de gozar com o corpo do Outro, ou seja, dessa parte perdida de si mesmo, o objeto *a*. Não há relação com o Outro — o gozo só tem relação consigo mesmo. O amor, ao contrário, se dirige ao Outro que não existe.

O sonho e o olhar

O sujeito sempre traz um sonho que se repete: "Estou no carro alto que meu marido me deu. Dele, vejo tudo em volta. Como sempre, procuro um homem com olhar sacana e maldoso. Vejo um vulto de alguém que não reconheço. Desperto, assustada." Certa noite, o sonho se repete e vai além: "Num ponto da estrada alguém se aproxima e reconheço no vulto a analista, que tem um olhar que tanto procuro. Observo e grito: é a minha analista com o olhar do meu pai!" Ela continua: "Lembro de algo que ouvia de minha mãe: Seu pai sai por aí catando mulheres com um olhar sacana, não toma jeito, é uma vergonha." Ao que se pergunta: "Será que o olhar do homem que procuro é de meu pai? Ou será que sou eu que tenho um olhar como o de meu pai?"

A analista responde com o silêncio. A posição do analista deve ser a de fazer semblante de objeto *a*, apresentando-se ao sujeito como causa do desejo. "O analista, nessa posição, oferece-se como ponto de mira para permitir a operação que segue em direção dos rastros do desejo de saber."[2]

No sonho, portanto, ela encontra a psicanalista. O olhar da psicanalista se transforma no olhar do pai. O relato do sonho a remete à associação livre, que a leva a se lembrar dos

---

[2] LACAN, Jacques. *O Seminário, livro 17: O avesso da psicanálise* (1969-70). Rio de Janeiro: Jorge Zahar Editor, 1992, p. 99.

ditos da mãe, de como era o olhar do pai, sacana e maldoso. O sujeito pergunta de quem é aquele olhar, se é seu ou é do pai. O olhar não é do sujeito nem do Outro. O olho e o olhar, esta é para nós a esquize na qual se manifesta a pulsão ao nível do campo escópico. No sonho há o olhar do pai, o olhar do Outro que olha e se vê. Aquele olhar é do próprio sujeito, como vendo-se ver-se. Entre o eu olho e eu sou olhado está a pulsão escópica[3].

"O olhar é o objeto *a* que a pulsão escópica contorna." É o objeto cortado do corpo do Outro ao nível do olho, sua fonte é o olhar que o sujeito teria um dia encontrado e logo perdido. É o olhar da mãe, perdido desde sempre, e no lugar do qual a pulsão encontrará objetos substitutos para se satisfazer sem jamais reencontrá-lo[4]. No caso em questão, trata-se do olhar do pai — "olhar sacana e maldoso" — que o sujeito reencontra episodicamente no Real.

Como temos marcado, o relato do sonho em uma análise, o modo como o analista vai receber este sonho, é uma interpretação do desejo[5]. Para Freud, a interpretação destaca, a partir do relato feito pelo sonhador (conteúdo manifesto), o sentido do sonho. Este se formula no conteúdo latente a que levam as associações livres. O objetivo da interpretação é o desejo inconsciente e a fantasia em que este toma corpo. No entanto, a interpretação não é reservada somente aos sonhos, que são da ordem do inconsciente, mas também às outras manifestações do inconsciente, como o ato falho, os chistes e o sintoma. Freud afirma que o mais difícil de uma psicanálise não é a interpretação, e sim o manejo da

---

[3] Cf. LACAN, Jacques. *O Seminário, livro 11: Os quatro conceitos fundamentais da psicanálise*. Trad. M. D. Magno. Rio de Janeiro: Jorge Zahar Editor, 1988.
[4] QUINET, Antonio. *Um olhar a mais: ver e ser visto*. Rio de Janeiro: Jorge Zahar Editor, 2002, p. 83.
[5] Cf. LACAN, Jacques. *O Seminário, livro 6: O desejo e sua interpretação*. Trad. Claudia Berliner. Rio de Janeiro: Jorge Zahar Editor, 2016.

"Outro, que tenha um olhar sacana e maldoso"

transferência, que é o elemento fundamental no processo. O conjunto das formações inconscientes pode ser interpretado pois esconde um sentido latente que surge também nas entrelinhas dos discursos, Este sentido constitui uma das principais contribuições à teoria do sujeito, pois é uma das formas do psicanalista manejar a direção da análise. O sonho é a expressão do desejo, assim como as outras formações do inconsciente.

Na ordem do sonho que se dá o direito de fazer o uso da linguagem, há uma rebarba (*bavure,* em francês), algo que Freud designa pelo termo alemão *Wunsch*. Não se sabe se o *Wunsch* é querer (*souhait,* em francês), nem tampouco a quem se dirige; de qualquer modo, está no ar. Desde que se queira dizê-lo, é necessário supor que há um interlocutor: a partir desse momento, estamos na magia. Somos obrigados a saber o que se demanda, mas o que define a demanda é justamente não se saber jamais o que se demanda, a não ser que se deseje, quero dizer, passando pelo que se deseja — e o que se deseja não se sabe[6].

O que podemos colocar em evidência é o desejo do psicanalista, o sujeito suposto saber colocado na transferência. Suposto saber o quê? Como operar? "O que esperaria é que ele saiba operar, que se dê conta do alcance das palavras para seu analisante, o que incontestavelmente ele ignora"[7].

A questão da dialética da demanda e do desejo considera o paradoxo evidenciado no fato de que a demanda está destinada ao fracasso, o que provoca o desejo. Isso pode ser evidenciado por meio das formações do inconsciente, sobretudo pelo sintoma histérico.

---

[6] LACAN, Jacques. *Seminário 25: Momento de concluir* [1977-78]. Inédito. Aula de 15 de novembro de 1977.
[7] *Idem, ibidem.*

No curso de uma análise o sujeito sempre demanda algo, uma resposta a seu desejo, que é o desejo do Outro. Na verdade, trata-se de um desejo de desejo e, portanto, desejo de nada. O produto do desejo do sujeito pelo desejo do Outro só pode dar-se na falta. Na análise, o trabalho vai do nível da demanda até o ponto no qual emerge a relação do sujeito ao desejo do Outro. O analista deverá fazer com que a demanda se transforme em desejo. Toda demanda busca a satisfação absoluta e é sempre incestuosa. O sujeito não consegue articular em palavras a sua demanda, as palavras não podem dizer tudo. Dessa forma, fica-se na dimensão do equívoco causado pelo próprio significante, que sempre significa outra coisa, o que acaba na frustração da demanda.

O sonho da Bela Açougueira

O sintoma do sujeito em questão é a insatisfação entre dois homens: o que lhe dá tudo e o que tem o olhar sacana e maldoso. É aí o sujeito mostra sua divisão subjetiva, sua forma particular de gozo. O problema estaria resolvido se ela pudesse fazer a escolha do objeto de seu desejo. Há esta mulher cujo marido lhe oferece tudo e ela recusa, procurando o olhar do outro: dessa forma, fica dividida entre a demanda e o desejo, e assim mantém o seu desejo insatisfeito.

Podemos ver esta manobra ilustrada por Freud com o sonho da "Bela Açougueira". Ela quer oferecer um jantar, mas só tem um pouco de salmão defumado. Lembra-se de que é domingo, as lojas estão fechadas e os telefones, com defeito. Acaba renunciando a dar o jantar. Esse sonho mostra que a demanda deve fracassar. O desejo dela é desmentir a hipótese de Freud de que o sonho é uma realização de um desejo. O desejo consiste em fazer frustrar o desejo do Outro.

"Outro, que tenha um olhar sacana e maldoso"

O salmão a remete, em associação livre, ao caviar que, apesar de desejar muito, impede seu marido de ofertar-lhe[8].

A insatisfação toma um estatuto de modo de gozo: a satisfação a menos é o mais-de-gozar da histérica cujo gozo a menos está ilustrado no sonho da Bela Açougueira. Ao recusar comer o caviar que o marido poderia lhe dar, ela não quer permitir que a amiga se satisfaça em seu lugar e deste modo pode manter seu desejo insatisfeito. Recusando, ela poderá manter seu desejo insatisfeito. Assim como a Bela Açougueira, nossa histérica recusa a oferta do marido como se soubesse que não é esse o objeto que poderia satisfazê-la.

Podemos, então, considerar a insatisfação da histérica em termos de identificação com o desejo do Outro. A histérica apresenta o desejo como não realizado, porque não quer responder à demanda do Outro. No sonho da Bela Açougueira, trata-se da identificação da histérica com o desejo do Outro: o sonho apresenta o seu desejo não realizado porque ela não quer responder à demanda de Freud, não quer confirmar o seu desejo de saber, não quer provar sua hipótese. Estas formações inconscientes (o sonho da Bela Açougueira, o sintoma da nossa histérica, aos quais poderíamos acrescentar o lapso de Dora — "meu pai é um homem (im)potente") são modos de satisfação da pulsão, modos de gozar do inconsciente que vêm confirmar a hipótese de que o laço social da histérica se funda na identificação à estrutura, se sustenta em tomar a falta como objeto de satisfação do desejo, o que implica em manter necessariamente o desejo insatisfeito.

Isso faz com que a histeria seja o único tipo clínico que se pode elevar à dimensão de um discurso, justamente porque

---

[8] FREUD, Sigmund. "A interpretação dos sonhos" [1900]. In: *Edição Standard Brasileira das Obras Psicológicas Completas de Sigmund Freud*, vol. IV. Rio de janeiro: Imago, 1980, p. 158.

identifica-se com a falta de um significante, com um significante que não existe, o significante d'A Mulher. Por este motivo, o sujeito histérico é levado a fazer uma divisão no Imaginário, ficando ao mesmo tempo num e noutro lugar dos parceiros da relação sexual que não existe. Na verdade, a histérica consegue, com sua divisão, situar-se entre dois gozos, de preferência entre os dois sexos. O percurso de uma análise consiste em levar o sujeito histérico a, através de suas demandas, se confrontar com essa manobra que consiste em tomar como objeto de satisfação a própria falta. A histérica se sustenta em manter o pai idealizado e a (im)potência desse pai.

O laço social introduzido pelo discurso histérico ocorre num momento da análise quando o sujeito mostra querer saber sobre o gozo, ou seja, sobre o objeto de gozo, dado que a histérica não quer gozar — ela consegue se situar entre os dois gozos, de preferência entre os dois sexos.

O amor, ao contrário, se dirige ao Outro que não existe. Há o falo, o significante universal do gozo, que pode se inscrever, e não há significante do Outro gozo, essa parte perdida de que o amor vem fazer semblante. O amor vem aí, tal como o sintoma, para fazer suplência, para fazer metáfora, para substituir uma insatisfação. O sintoma vem suprir a falta que é estrutural, na tentativa de fazer existir a relação sexual que não existe. Não podemos substituir, efetivamente, o significante que falta, o significante feminino, que não existe, o significante d'A Mulher. O amor faz semblante de que é possível a união, de que é possível achar a parte perdida do gozo, porém fracassa.

As histórias de amor são sempre histórias de desencontros. Os desencontros se sustentam na esperança de um encontro com o Outro, que seria todo, lançando o sujeito no registro da impossibilidade que resulta da tentativa de fazer com que a relação sexual exista. O que vem em suplência à

"Outro, que tenha um olhar sacana e maldoso"

relação sexual é precisamente o amor[9]. O amor vem fazer suplência a impossibilidade da relação sexual na tentativa de fazê-la existir. Lacan observa que, na mulher, a prevalência do objeto de amor é maior em relação ao desejo, enquanto no homem há uma divergência entre o objeto de amor e desejo[10]. A não relação sexual pressupõe que há um desencontro entre os sexos e que é impossível dizê-lo pois há um furo na linguagem.

Considerações

O desejo do analista deverá ir contra a identificação e em direção ao objeto da pulsão e ao desejo do sujeito. O psicanalista dirige o tratamento. O princípio do tratamento, porém, é o que de o analista não deve de modo algum dirigir o paciente. O que dirige o paciente é o seu desejo.

O sujeito se identifica com o pai e se mantém dividido entre o objeto de amor e o objeto de desejo, ou seja, um homem que tem um olhar sacana e maldoso o qual, a partir do sonho e da associação, verificamos se tratar de uma identificação ao pai. O sujeito pode ir além da identificação com o pai. Ao procurar a análise, cria a possibilidade para sair desta repetição que lhe provoca sofrimento, o gozo do sintoma e o gozo da fantasia.

Lacan observa que é preciso metalinguar, ou seja, traduzir, pois jamais se fala de uma língua a não ser em outra língua. Continua explicando que se dissera que não há metalinguagem foi para dizer que a linguagem não existe: não há senão suportes múltiplos da linguagem, que se chamam

---

[9] LACAN, Jacques. *O Seminário, livro 20: Mais, ainda*. Trad. M. D. Magno. Rio de Janeiro: Jorge Zahar Editor, 1985, p. 62.
[10] LACAN, Jacques. "A significação do falo". [1958] In: *Escritos*. Trad. Vera Ribeiro. Rio de Janeiro: Jorge Zahar, 1998.

alíngua. O que se espera é que a análise, por uma suposição, chegue a desfazer pela fala o que foi feito pela fala[11].

No seminário 15, *O ato psicanalítico*, Lacan fala sobre o significante novo, um novo desejo. Um amor como contingência é o que "não para de não escrever" o impossível da relação entre os sexos[12]. Um novo amor é a pura contingência. A emergência de um novo amor no laço psicanalítico é o que permite um encontro com o Real. Um amor, que por tocar no impossível, poderá fazer emergir o possível, mudando nosso destino, semeando a substância do desejo e se transmitindo por toda parte.

No seminário 20, *Mais, ainda*, Lacan defende que é precisamente o amor que vem fazer suplência a relação sexual. E, no seminário 24, ao retomar o tema sobre o amor, indica que o amor não é senão uma significação[13], e revela que vê bem o modo como Dante encarna esta significação. Enquanto o desejo tem um sentido, o amor, à semelhança do que observara acerca do amor cortês, o que sustenta o amor é vazio[14].

---

[11] Cf. LACAN, Jacques. "Abertura da Seção Clínica". In: *Ornicar?* n. 9, 1977
[12] LACAN, Jacques. *Seminário 15: O ato psicanalítico* [1967-68]. Inédito.
[13] LACAN, Jacques. *Seminário 24: L'insu que sait de l'une-bévue s'aile à mourre* [1976-77]. Inédito.
[14] *Idem*, aula de 15 de março de 1977.

"Papai tinha um olhar triste. Lembro-me bem"

"Não consigo me aproximar das pessoas, isto me faz sofrer, prefiro manter-me afastada e por isso me acham antipática." É desta forma que o sujeito enuncia seu sintoma. O sofrimento causado por seu isolamento não a faz se aproximar; apesar dele, prefere manter-se afastada. Parece possível dizer que esse é o modo do sujeito gozar do inconsciente com seu sintoma, "o isolamento". Embora sofra por se manter isolada e ser tida por antipática, o sujeito quer permanecer nessa condição.

Aos seis anos acompanhava a mãe nos encontros amorosos. Sabia ser algo que não podia comentar com ninguém, nem com seu pai, que "adorava". Não conseguia compreender a dimensão da questão. Certo dia, ao chegar em casa com a mãe, após um desses encontros, são impedidas de entrar pelo pai e por um oficial da justiça. É levada para a casa da avó materna, onde permanece por um ano, isolada do convívio do pai, da irmã menor e da mãe, que foi embora para longe, para sempre. Os avós mal conversavam com ela. Passava os dias no quintal, destruindo plantas e quebrando ovos no galinheiro. Certa ocasião, a avó a surpreende debaixo das cobertas com um menino, ambos nus. A avó lhe bate, dizendo que se não tomasse cuidado seria vagabunda como a mãe. Ouviu isso a vida toda, e também que a mãe nunca a amara. Isto fez com que odiasse a mãe, segundo ela. Diz amar muito o pai, "apesar de alcoólatra". Afirma: "papai é bom, inteligente e bonito", uma forma de idealizar o pai e tamponar a impotência dele.

Aos 22 anos o sujeito descobre onde a mãe mora e vai viver com ela, na esperança de um encontro. Porém, como todo encontro é faltoso, dá-se um desencontro e um desencanto. Ao retornar à casa paterna, ela dá falta de um anel que lhe fora "roubado" pela mãe, seu belo anel de formatura. Questiona-se por que não consegue sentir "prazer no sexo". Diz saber, censura este desejo e declara sentir muita culpa por ele. "Quando penso em prazer sexual me lembro do meu pai". Ao que completa: "Também, ele sempre me deu tudo".

A histérica se sustenta em manter o pai idealizado e a (im)potência desse pai. Freud articula que a primeira identificação é a amorosa dirigida ao pai, a segunda é a histérica e a terceira é ao traço unário. É a identificação a este traço unário, ao Simbólico do Outro Real, a um traço do objeto, na qual o sujeito vai paramentar num sintoma. É a identificação ao objeto de amor ou não. Segundo Freud, ela está sempre ligada ao abandono ou à perda deste objeto. Já Lacan chamará a terceira identificação de neutra, por não ser nem uma nem outra.

"Meu pai chegava em casa e ia direto ao banheiro tomar banho e eu ficava na porta chorando. Eu queria ficar com ele todo o tempo. Então, ele abria a porta e eu ficava olhando-o se lavar. Parava de chorar. Só não consigo lembrar-me do corpo dele, só de seu belo rosto."

Podemos dizer que o sujeito do caso em questão tem um nível muito preciso da sedução do pai, que segundo Lacan evidencia um partitivo. Seria preciso resgatar, ainda que

"Papai tinha um olhar triste. Lembro-me bem"

brevemente, algo do que Lacan elabora sobre o uso do partitivo "de", em francês. Nós não temos esse recurso em português. O partitivo mostra a relação de uma parte com um todo do qual faz parte — a exemplo: grande parte, maioria, minoria etc. Ele existe no francês e no latim, sendo o caso genitivo expresso pela preposição "de". Quando a pessoa possui algo ou tem relação com algo, usa-se a frase preposicional (adjetivo de dois gêneros) para ligar dois elementos, como uma forma de indicar relações entre substantivo e adjetivo. A frase preposicional modifica o substantivo, isto é, ela age como um adjetivo[1]. Lacan soube explicitar que o "de", desaparecido em português, é uma forma de indicar relações entre substantivos. O não-todo deve ser compreendido como um partitivo, mas sim como os elementos que, situados deste lado, subvertidos cada um ao mesmo regime, sem, no entanto, se constituírem como elementos de qualquer todo[2]. Desse modo, o presente caso poderia ser pensado a partir das duas proposições seguintes:

Sedução *do* pai à filha → relação de sujeito

Sedução *de* filha ao pai → relação de objeto

Ela traz a marca de uma inibição, um embaraço que o impede de estabelecer novas relações, de fazer amizades, e que se deve ao amor ao pai. Como se cada nova amizade portasse um traço, o traço unário, do pai. Como se cada homem, sobretudo, portasse um traço do pai e produzisse a fobia, o horror de tornar pública, de revelar a relação de objeto: "eu seduzo papai", ou seja, "eu amo papai".

---

[1] GERBASE, Jairo. *Eles só falam dos parentes próximos*. Conferência na Seção-Salvador da EBP. 12 de setembro de 1996. Inédito.
[2] LACAN, Jacques. *Seminário 15: O ato psicanalítico* (1967-68). Inédito

É possível observar que ela sabe interpretar o seu sintoma em relação ao pai, ficando no nível do Édipo. É em consequência disso que, segundo Lacan, devemos abandonar este tipo de interpretação. Ela perdeu a força interpretativa: nada acontece. As lembranças da infância levam a histórias intermináveis, sem fim. A questão do amor ao pai deve ser tomada em outro nível, para além do Édipo. Como o analisante faz sua interpretação no nível do Édipo, que não leva a lugar nenhum, é preciso que a interpretação do analista se desloque do eixo "Eu amo papai" para o nível além do Édipo, levando-o a perceber que é um traço do pai que lhe causa horror e que suscita, nos dois ditos sobre o pai, seu amor a ele.

Segundo Lacan, uma análise que é orientada pelas lembranças da infância não toca o Real e se torna interminável. O sujeito vem falar de seu mito, de seus romances familiares. As lembranças trazem significantes que fixaram o gozo do sujeito e que um dia foram esquecidos, mas retornam. Uma condução de análise não deve ir em direção a uma lembrança de infância. A infância é atemporal. Uma análise deve ir do Simbólico em direção ao Real, ao Real como furo.

"Papai tinha um olhar triste. Lembro-me bem." O sujeito traz uma frase que se refere ao objeto *a* (um olhar, uma voz) que Freud denomina de objeto perdido para sempre, denominado por Lacan de objeto *a* causa de desejo, o que o sujeito um dia pensou encontrar e que perdeu para sempre. O sujeito se sente sempre triste, como se faltasse alguma coisa que pudesse completá-lo e fazê-lo se sentir feliz: é a falta estrutural. Falta um significante para todo ser falante, por isso está-se sempre insatisfeito. Falta um significante para representar o gozo do Outro sexo e o ser falante vem falar de sua insatisfação. O sintoma vem suprir a falta desse significante. O antecedente lógico do sintoma não são as lembranças da infância, é a própria linguagem. O traumático é o que se fala, e não o que se vive.

O infantil não são as lembranças da infância, mas o furo no Real é a própria linguagem do ser falante. Apreender as lembranças da infância não é apreender o inconsciente, pois este é impossível de ser apreendido. O infantil é a falta desse significante na constituição do sujeito do inconsciente. O significante é o próprio furo no Real pela falta de um significante que venha representar o Outro sexo — o infantil é o próprio furo do Real.

A analisante relata: "Eu sou a culpada da separação de meus pais. Acordava à noite e ficava chorando vendo papai fazendo sexo com a mamãe. Eu acho que passava na minha cabeça que era eu que deveria estar com ele e não a mamãe. Penso que por isto tenho tanto ódio dela e adoro meu pai".

Continua: "Desde então acho que fiz uma separação, de um lado o sexo e do outro o prazer, porque o prazer está com o meu pai, como há uma censura, pois ele me é proibido, eu não posso fazer sexo com ele, então é por isso que não consigo sentir prazer com homem nenhum. Só com meu pai poderia juntar o sexo com o prazer. Sofro por isto. Sinto-me culpada também porque de alguma forma compactuei com minha mãe nos seus encontros com os amantes. Não entendia direito, mas porque eu não falei nada com papai? Será que eu queria que ela fosse embora para eu ficar com ele?"

Podemos perceber que a inibição que faz com que este sujeito se isole, evitando fazer amizades, está no nível de seu amor ao pai. É este o nível do problema que tanto a faz sofrer: "Não consigo me aproximar das pessoas e não permito que elas se aproximem, também. Isto me faz sofrer, mas prefiro me manter afastada de todos. Só tenho amizade com tias do lado de meu pai."

No primeiro patamar da interpretação, o sujeito em análise interpreta ao nível do Édipo. Desta forma, temos o pai, que é como o agente da castração. No segundo nível, a interpretação parte do analista, que vai além do Édipo, sendo a linguagem o agente da castração. A tosse de Dora pode ser vista como traço do pai. O significante da identidade de Dora é o pai. Há o traço de Dora ao pai. O terceiro passo da interpretação já não toma o Édipo, e sim o nó que trata como sigma, o sintoma. O sintoma do sujeito é o isolamento.

Se a mãe é uma aflição ou catástrofe para a menina, como já mostramos em outros momentos clínicos desse livro, e o pai é um substituto da relação da menina com a mãe, podemos dizer, seguindo Freud e Lacan, que o homem se torna uma "catástrofe", uma "aflição" e uma "devastação" para uma mulher?

O Pai é um portador de significante, ele é um sintoma. O significante Nome-do-Pai é um tampão que vela o vazio da castração. O pai é um semblante e só serve para tamponar a falta. "O sintoma vem como substituto de uma satisfação pulsional"[3], é um modo de gozar do inconsciente[4]. A partir disso, podemos dizer com Lacan que uma mulher é um sintoma para o homem, e que o homem é para uma mulher uma devastação[5].

Lacan articula que o pai, no mais além do Édipo, traz a marca de uma impossibilidade: ele defende a ideia de que o pai real adquire o sentido de apontar a efetividade da operação de castração. O pai real designa dois limites que parecem discordantes: o real que escapa à noção de pai simbólico e o agente definido, encarnado, que realiza a operação simbólica da castração. A castração é a operação real introduzida

---

[3] FREUD, Sigmund. "Inibição, sintoma e angústia" [1926 (1925)]. In: *Edição Standard Brasileira das Obras Psicológicas Completas de Sigmund Freud*, v. XIX. Rio de Janeiro: Imago, 1980, p.112.
[4] LACAN, Jacques. *Seminário 22: RSI*. Inédito. Aula de 18 de abril de 1975.
[5] LACAN, Jacques. *O Seminário, livro 23: O sinthoma* (1975-1976). Trad. Sérgio Laia. Rio de Janeiro: Jorge Zahar Editor, 2007, p. 98.

pela incidência do significante na relação do sexo, e evidentemente determina o pai como esse Real impossível. "Enlaçar-me de outra forma, é isso que faz o essencial do Complexo de Édipo e precisamente nisso que opera a própria análise"[6]. Não se pode prescindir ou ir além do Édipo, mas é possível enlaçá-lo de modo diferente, reduzindo-se como sinthoma, esvaziando seu gozo até o irredutível, deixando-o em suas funções de enlace e nomeação[7].

Eis o desafio da condução de um caso como esse, o desafio da clínica do Real.

---

[6] LACAN, Jacques. *Seminário 22: RSI*. Inédito. Aula de 14 de janeiro de 1975.
[7] QUINET, Antonio. *O Édipo ao pé da letra*. Rio de Janeiro: Jorge Zahar Editor, 2015.

"Fui deixada de lado, sem lugar", ou: A cama do Real

O caso que apresentarei a seguir já foi trabalhado neste livro em outra vertente, enfatizando a relação devastadora do sujeito com sua mãe. Trata-se do caso Mell, do capítulo "O que é ser mãe?". Agora, gostaria de colocar o foco sobre o sintoma no corpo e o Real. Se antes entendia que essa mulher não tinha cama para se deitar no mundo, agora, com o conceito lacaniano de Real, podemos dizer que, assim como ela, ninguém tem.

Falar com seu sintoma é falar com seu corpo. O corpo fala e se deita na cama. Freud e Lacan afirmam que o corpo se introduz na psicanálise pelo sintoma. O caso que ilustra minhas considerações é o de uma mulher que se queixa de nunca ter uma cama para se deitar. O Real é o que unifica os tipos clínicos: todos sem cama onde se deitar. Recordemos suas coordenadas.

Mell é a terceira de cinco irmãs. "Sou a do meio, o recheio." A cada período dormia com uma irmã, sem lugar próprio. Um dia viu chegar na casa uma cama nova e exclamou contente: "Afinal, eu tenho uma cama!" A mãe respondeu: "Esta cama é da Elen." Diz o sujeito: "Outra vez fui deixada de lado,

"Fui deixada de lado, sem lugar", ou: A cama do Real

sem lugar." Casada, não conseguia se fixar em uma casa. Insatisfeita, mudava-se.

A mãe era frequentemente internada em um hospital psiquiátrico com um quadro de depressão, e Mell ficava com famílias diferentes. Isto despertava nela sentimentos ambíguos: ficava ao mesmo tempo aliviada e triste. Embora "deixada de lado, preferia a presença da mãe ruim", que era ausente. Uma vaga lembrança causa-lhe mal-estar e náuseas. Quando menina, sofrera abuso sexual por um primo adulto. Mais tarde, já casada, encontrou-se com o primo num velório de uma tia. Ele se aproximou e lhe disse: "Você continua gostosa!". Neste momento veio a lembrança reavivada, a certeza do abuso sofrido. Na próxima sessão de análise, trouxe, chorando: "Minha mãe nunca tomava conhecimento do que se passava em casa."

Certa vez, ainda criança, chegou em casa e surpreendeu a mãe com um rapaz na cama. Irritada, a mãe a mandou comprar Coca-Cola. Ao voltar, Mell ainda os encontrou no quarto. Agachou-se, como a procurar algo, e viu a mãe sem calcinha: "Vi uma mãe sem juízo e sem calcinha. Eu não queria aquela mãe".

Mell fez dos sofrimentos sintomáticos no corpo a aflição e devastação do mal-entendido dos pais. Ela fala do pai, elegante e inteligente, mas triste, que vive mal com a mãe, dormindo em quartos separados, sempre fazendo contas para controlar os gastos da mãe. Admira-se por ter se casado com um homem parecido com o pai, elegante e inteligente, e parecido com a mãe nos gastos excessivos. Mell repete o pai, fazendo contas para controlar os gastos do marido. O sintoma de Mell é "fazer contas".

Como já escrevi anteriormente, Lacan sublinha que o pai é um sintoma. Esse tema vale algumas considerações. Freud, ao escutar as histéricas, se deu conta de seus corpos falantes[1]. Em contato com suas paralisias e manifestações somáticas, ele percebe que esses sintomas — como dores de cabeça, no rosto, nas pernas e em todo o corpo — faziam parte de processos inconscientes presentes na formação do sintoma. Atrás do sintoma, Freud buscou decifrar as pulsões recalcadas.

Lacan, por sua vez, afirma que o sujeito do inconsciente só toca a alma por meio do corpo[2]. O homem não pensa com sua alma. Segundo Lacan, uma estrutura — a da linguagem — recorta o corpo da histérica, que nada tem a ver com a anatomia, o que a histérica testemunha. Essa mesma cisalha que recorta o corpo da histérica chega à alma com o sintoma obsessivo, pensamento com o qual a alma fica embaraçada, não sabe o que fazer. Freud e Lacan, em suma, sustentam que o corpo se introduz na psicanálise pelo sintoma.

Falar com seu sintoma é falar com seu corpo. Foi através dos mistérios do corpo que Freud criou a psicanálise. Os sintomas histéricos eram os sintomas corporais que o discurso médico da época fracassava em compreender. Freud, então, inventa um dispositivo através do qual tais sintomas encontram tradução num outro registro que não o orgânico: o registro da palavra e do sentido[3]. Lacan observa que o gozo do corpo não passa pela ligação com o outro. O gozo peniano advém do Imaginário, isto é, do gozo do duplo, da imagem especular, do gozo do corpo, mas também do sentido[4].

---

[1] FREUD, Sigmund. "Estudos sobre a histeria" [1893/95]. In: *Edição Standard Brasileira das Obras Psicológicas Completas de Sigmund Freud*, vol. II. Rio de janeiro: Imago, 1980.

[2] LACAN, Jacques. *Televisão* (1974). Trad. Antonio Quinet. Rio de Janeiro: Jorge Zahar, 1993, p. 19.

[3] Cf. FREUD, Sigmund. "Estudos sobre a histeria" [1893/95]. In: *Edição Standard Brasileira das Obras Psicológicas Completas de Sigmund Freud*, vol. II. Rio de janeiro: Imago, 1980.

[4] Cf. LACAN, Jacques. *O Seminário, livro 23: O sinthoma* (1975-1976). Trad. Sérgio Laia. Rio de Janeiro: Jorge Zahar Editor, 2007.

Ele constitui propriamente os diferentes objetos que ocupam as hiâncias das quais o corpo é o suporte imaginário. O gozo fálico, em contrapartida, se situa na conjunção do Simbólico com o Real.

Conforme Lacan, há o gozar de um corpo, de corpo que o Outro simboliza e que comporta, talvez, a natureza de fazer colocar em função outra forma de substância, a substância gozante[5]. Só se pode gozar da parte do corpo do Outro. Esta parte também goza: ele não pode ficar indiferente.

O sintoma do sujeito é fazer contas, controlar dinheiro, sendo este o seu traço de identificação com o pai. Eis "o sintoma vem como substituto de uma satisfação pulsional"[6], "um modo de gozar do inconsciente", ou seja, a maneira como ela goza do inconsciente, enquanto aquilo que a determina[7]. A estrutura do sintoma é sua repetição, é a articulação com a pulsão de morte e o gozo atrelado a ela; gozo imperativo que retorna, repete e fracassa. Real que não cessa de não escrever.

À semelhança do caso Dora, o pai de Mell é doente, impotente, e mesmo assim é idealizado e desempenha o papel de mestre no discurso da histérica. A mãe é ausente, como a mãe de Dora, não se oferece como objeto causa de desejo ao marido. Como os pais das mulheres nos "Estudos sobre a histeria", o pai de Mell se mostra deficiente com relação à função fálica.

Ela oscila de um quadro depressivo a outro eufórico. À medida que a analista a escuta, constata tratar-se de uma neurose do tipo histérico, desenvolvendo um quadro de

---

[5] LACAN, Jacques. *O Seminário, livro 20: Mais, ainda*. Trad. M. D. Magno. Rio de Janeiro: Jorge Zahar Editor, 1985, p. 35.
[6] FREUD, Sigmund. "Inibição, sintoma e angústia" (1926 [1925]). In: *Edição Standard Brasileira das Obras Psicológicas Completas de Sigmund Freud*, vol. XIX. Rio de janeiro: Imago, 1980, p. 112.
[7] LACAN, Jacques. *Seminário 22: RSI*. Inédito. Aula de 18 de abril de 1975.

pseudodepressão, uma identificação imaginária à mãe. É uma manobra de sedução histérica que joga com o olhar do Outro. Em um jogo de esconde-esconde, entra e sai de cena, entra e sai da depressão. Trata-se de um logro presente na esquize do olhar e da visão que é desvelado no discurso histérico. A histérica quer ser o centro dos olhares[8].

Mell diz: "Meus problemas são causados por minha mãe, que nunca cuidou de mim. Entro em depressão, não ligo para nada, a casa pode desabar, nem para meu filho ligo, saio de cena." Prossegue: "Durante a depressão, sinto uma dor que me dá prazer, todos se preocupam e cuidam de mim! Ao me cansar de ser vítima, volto à cena." Verifica-se aí a identificação de Mell com a mãe, ao repetir com o filho o abandono que sofria na infância quando a mãe se internava com quadro depressivo. Mell utilizou a pseudodepressão como estratégia histérica para se tornar o centro dos olhares. A manobra cessou com a análise, conforme a analisante concluiu ser desnecessário usar esse recurso. A partir daí, consegue lidar com suas questões e estabelecer uma relação possível com a mãe.

O sintoma, o trauma e o Real

O fato na infância foi um trauma revivido no encontro analítico. Diante do real traumático, indizível e inapreensível, o sujeito cria a fantasia e depois faz o sintoma. Desde Freud, sabemos que o trauma é uma experiência que leva o sujeito a um acontecimento difícil de ser simbolizado[9]. Não há

---

[8] QUINET, Antonio. *O inconsciente teatral*. Rio de Janeiro: Atos & Divãs, 2019.
[9] Cf. FREUD, Sigmund. "Conferências introdutórias sobre psicanálise: 'Fixação em traumas — O Inconsciente'" [1917 (1916)]. In: *Edição Standard Brasileira das Obras Psicológicas Completas de Sigmund Freud*, vol. XVI. Rio de janeiro: Imago, 1980.

palavras que expliquem o trauma e o Real. Lacan observa que o sintoma é a partir do Real, mas, ao mesmo tempo, é Simbólico.

Lacan afirma que o sintoma é o que o sujeito tem de mais real e não pode ser reduzido à realidade concreta. O Real atropela o sujeito e é traumático. Na "Abertura da seção clínica", observa que a clínica é o Real enquanto impossível de suportar, e é apenas a partir do nó borromeano que se torna possível querer escrever, esboçar esse real[10]. O nó opera a possiblidade de fazer uma amarração. Lacan sublinha que não basta escrever o Real: "Mas eu escrevo esse real sob a forma de nó borromeano, que não é só um nó, mas uma cadeia [...]"[11].

Diante do trauma, o sujeito cria uma fantasia para dar conta desse real. O trauma (fantasiado) se converte em sintoma a partir de um significante que determina o gozo no corpo. Lacan afirma que o significante é um meio de gozo e que a finalidade do significante é o gozo. A repetição do sintoma é um retorno do significante e do gozo, na tentativa de uma atualização da cena traumática que se inscreve no corpo da histérica, o qual se implica no sintoma e leva à repetição do gozo: o gozo a menos da histérica. O gozo que falta, o gozo perdido.

Na conferência em Roma conhecida como "A terceira", Lacan afirma que "chamo de sintoma o que vem do Real. Isso se apresenta como um pequeno peixe cuja boca voraz só se fecha ao se colocar sentido entre os dentes"[12]. Continua explicando que o melhor seria que o Real do sintoma morresse

---

[10] LACAN, Jacques. "Abertura da seção clínica". In: *Ornicar?* n. 9, 1977.
[11] LACAN, Jacques. *O Seminário, livro 23: O sinthoma* (1975-1976). Trad. Sérgio Laia. Rio de Janeiro: Jorge Zahar Editor, 2007, p. 125.
[12] LACAN, Jacques. "A terceira". In: LACAN, J.; MLLLER, J-A. *A terceira — Teoria de lalíngua*. Trad. Teresinha N. Meirelles do Prado. Rio de Janeiro: Zahar, 2022, p. 26.

disso. Mais adiante, na mesma conferência, precisa que o sentido do sintoma não é aquele com o qual nós o alimentamos para sua proliferação ou extinção: o sentido do sintoma é real. O que é do Real, é do gozo, algo que não se escreve e se chama *sinthome*, um fato do Real, algo irredutível. É o que Lacan escreveu em *Televisão* como *jouis-sens*, o gozo pulsional. Mas há outros gozos, o gozo fálico e o gozo sintoma, que fixa o gozo fálico. Quando o gozo e sentido se conjugam como o *jouis-sens*, o gozo-sentido, já estamos na direção do que Lacan desenvolverá em "Joyce, o sinthoma". Ali, ele nos leva a interrogar a psicanálise no campo da linguagem a partir da escrita, mantendo a letra fora dos efeitos de significado e tendo como única direção o gozo, ou seja, o campo do gozo.

A partir da clínica do Real, Lacan passa a tratar o inconsciente como real: o inconsciente real, quer dizer, o sentido do Real que ocorre quando o Simbólico não mais dá conta de dizer qual o sentido do sintoma, que funciona a partir do gozo opaco — para excluir o sentido. Conjugam-se, assim, as duas vertentes do sentido: a da mensagem, simbólica portanto, e a do Real do gozo.

O sintoma vem tentar suprir a falta que é estrutural, a falta do parceiro sexual, ou seja, vem tentar fazer existir a relação sexual que não há. O sexo não designa um parceiro sexual, o verdadeiro parceiro sexual do sujeito é sua forma de gozar. O sintoma age como suplência da inexistência da relação sexual e, sendo assim, apresenta soluções diversas para homens e mulheres, as quais dizem respeito à particularidade de cada um na lógica da sexuação[13]. Em uma análise, cada mulher tem a possibilidade de se responsabilizar por uma modalidade de gozo e, em alguns casos, adotar uma posição frente à escolha do objeto de amor.

---

[13] Cf. LACAN, Jacques. *O Seminário, livro 20: Mais, ainda.* Trad. M. D. Magno. Rio de Janeiro: Jorge Zahar Editor, 1985.

Um lugar para se deitar

Diferente do diagnóstico do psiquiatra — psicose — o caso de Mell explicita, antes, uma neurose histérica. O sujeito traz a inscrição do significante do Nome-do-Pai, que é uma marca simbólica, o significante que falta, que marca o gozo. Traz traços do pai na identificação ao sintoma, fazendo contas, e com a mãe na pseudodepressão, repetindo a mãe ao deixar o filho em abandono.

Com o avanço da análise, Mell encontra uma forma de lidar com o sintoma. Em vez de fazer contas para conter os gastos excessivos do marido, resolve fazer contas para construir quitinetes. O gozo, ela o dirigiu às quitinetes e ficou com apenas com um resto. Do sintoma "fazer contas para controlar os gastos do marido", passa ao *sinthoma* "fazer contas para aplicar no novo negócio".

Sabemos que o sintoma é nosso parceiro, mas uma análise bem conduzida leva-nos a fazer um *sinthoma*. Quinet observa: "Não se trata de dispensar ou ir além do Édipo em uma análise, e sim de enlaçá-lo de outra forma. Reduzindo-o como um *sinthoma* (esvaziando seu gozo até o irredutível), deixando-o em suas funções de enlace e nomeação"[14]. O sintoma reduzido corresponde à definição do Real. Lacan avança, afirmando que o Real é o impossível. Com isso podemos afirmar que uma análise não leva ao apagamento do sintoma, mas à produção do sintoma como incurável.

No seminário sobre "A carta roubada", em 1956, Lacan já postulava que há um significante na *lettre* (palavra francesa que significa "carta" e "letra"): que ela é uma mensagem e,

---

[14] QUINET, Antonio. *O Édipo ao pé da letra*. Rio de Janeiro: Jorge Zahar Editor, 2015, p. 57.

ao mesmo tempo, um objeto. Nesse sentido, não podemos falar do sintoma sem implicar a letra na própria estrutura da linguagem. "O *sinthoma*-letra não é expressão da divisão do sujeito: ele designa o ser da fala com Um depositado de *lalíngua*"[15]. O *sinthoma* é assim letra-resto-lixo, que não diz nada a ninguém; que não é uma mensagem, mas uma cifra de gozo, gozo puro de uma escrita.

A clínica psicanalítica deve consistir não só em interrogar a análise, mas também em interrogar os psicanalistas, a fim de que se deem conta do que sua prática tem de arriscado que justifique a existência de Freud. A clínica psicanalítica deve nos ajudar a relativizar a experiência freudiana. É uma elucubração de Freud. É preciso dar-se conta de conta de que a psicanálise não é uma ciência, não é uma ciência exata[16].

Lacan articula que é preciso clinicar, isto, é deitar-se. A clínica está sempre ligada à cama, haverá sempre alguém deitado. E não se encontrou nada melhor do que fazer deitar aqueles que se oferecem à psicanálise, com a esperança de sacar disso um benefício cujo resultado, é preciso dizê-lo, não é certo de antemão. É evidente que o sujeito não pensa do mesmo modo deitado ou em pé; entre outros motivos está o fato de que na posição deitada faz-se muitas coisas, em particular o amor, e o amor arrasta a toda sorte de declarações. Na posição deitada, o sujeito tem a ilusão de dizer alguma coisa que seja do dizer, isto é, que implique o Real.

O sujeito faz o sintoma na tentativa de fazer existir a relação sexual que não existe. Agora, com o conceito de Real em Lacan, podemos dizer que ninguém tem cama para fazer a

---

[15] *Idem*, p. 118.
[16] LACAN, Jacques. "Abertura da seção clínica". In: *Ornicar?* n. 9, 1977. Aula de 9 de abril de 1977.

"Fui deixada de lado, sem lugar", ou: A cama do Real

relação sexual existir. Acerca do gozo que é tomado na cama, que não é o divã, Lacan pergunta: de onde ele vem?[17]

Com a análise, essa histérica, que não tinha cama e não tinha um lugar no Outro, encontra no divã o lugar para se deitar.

---

[17] Cf. LACAN, Jacques. *O Seminário, livro 20: Mais, ainda*. Trad. M. D. Magno. Rio de Janeiro: Jorge Zahar Editor, 1985.

Conclusão

Como capa deste livro imaginei Freud e Lacan juntos, em um café de Paris, conversando sobre a psicanálise. É um devaneio sobre um encontro histórico que nunca ocorreu, porque, na verdade, Freud e Lacan nunca se encontraram, a não ser através de suas obras e ensino. Um devaneio refletido no encontro dos dois grandes mestres da psicanálise, simbolizando o propósito deste livro: um encontro na práxis, na ética e na política da psicanálise.

Lacan foi o seguidor mais fidedigno e estudioso de Freud. Se algumas correntes da psicanálise pretendiam tomar Freud como ultrapassado, Lacan jamais o permitiu: se dizia freudiano e estudou o conceito de inconsciente até o final de sua vida. Em todos os seus seminários, são tomados um ou dois textos de Freud. Em 1974, em uma entrevista à *Revista Panorama*, da Itália, ao ser questionado sobre se Freud estaria ultrapassado, Lacan respondeu: "Como julgá-lo ultrapassado se nós ainda não o compreendemos inteiramente? O que é certo é que ele nos fez conhecer coisas extremamente novas, que não poderíamos imaginar antes dele".

Lacan faz uma releitura de toda obra de Freud e reaviva a psicanálise, imprimindo a ela a marca de seu ensino. A todo psicanalista impõe-se, como fator essencial, a conjunção desses dois saberes na clínica, norteando-se pela obra e o ensino de Freud e Lacan.

Ao psicanalista impõe-se estar à altura das questões de seu tempo. Nesse sentido, a psicanálise não pode ficar à margem dos acontecimentos que provocam incerteza, medo e impotência. A análise *on-line*, utilizada como excepcionalidade durante a pandemia que atingiu a humanidade, se torna agora um recurso útil, eficiente e mesmo imprescindível na impossibilidade de atendimento presencial, como em casos de residir o analisante em localidade distinta da do analista, por impossibilidade de locomoção física do analisante, em casos emergenciais etc.

Certo é que a psicanálise, em qualquer circunstância, tem que prosseguir e não pode se deter, valendo-se, para tanto, dos instrumentos virtuais para desempenho de suas atividades, realizando seminários, *lives*, encontros e atendimentos na clínica para acolher as demandas dos analisantes. Tivemos e temos que nos reinventar, porque este era o recurso único que tínhamos para atender, diante da impossibilidade do atendimento presencial. É certo que no atendimento presencial existe todo o ritual próprio, envolto desde o momento da ida do analisante ao consultório, da sala espera na antessala, da porta que é aberta pelo psicanalista para início da sessão, a sala do psicanalista, o divã, enfim, toda essa ambientação dos elementos presenciais.

Esses foram os recursos virtuais para os atendimentos das sessões de análise *on-line* que têm de continuar utilizando os instrumentos daquele tempo de pandemia, manejando as transferências e dirigindo às análises. A psicanálise, de forma virtual, em intensão e extensão, teve lugar de destaque durante esses longos períodos de isolamento a que todos fomos submetidos pelo coronavírus.

Conclusão

Nas transformações cada vez mais velozes do mundo, as angústias, as perdas e o medo se alastram. O sujeito individual, que é o sujeito do coletivo, se encontra diante do real da morte. É o Real de que temos que dar conta. Na pandemia, a angústia se presentificou sob a forma do significante "morte", dadas as condições de incerteza sobre seus desdobramentos e duração. Como eu disse em muitos momentos desse livro, a angústia é real. Em "Inibição, sintoma e angústia", Freud a relaciona com o perigo e o desemparo, o que descreve como situação traumática. Angústia como sinal, como ameaça de perda de um objeto. Já Lacan retoma esse texto no seminário *RSI* (1974-1975) e afirma que a angústia é traumática, é parte do Real, a angústia faz um nó nomeando o Real.

Considero como compromisso ético do psicanalista dar continuidade aos atendimentos da clínica em sessões virtuais, diante da angústia do sujeito e de suas demandas. Estes são, afinal, o objetivo e a razão de todos os nossos trabalhos e do desejo do psicanalista que somente se demonstra ao haver produzido a diferença absoluta em um analisante. Não podemos recuar e nos deter. Temos de prosseguir e tornar possível a análise, manejando as transferências e dirigindo os tratamentos. As análises e o ensino através dos instrumentos virtuais em alguns casos específicos são possíveis e deverão continuar. A análise *on-line* veio para ficar, por certo não como regra, mas para o atendimento em situações especiais.

Com todas as suas peculiaridades, considero, entretanto, haver resultados positivos no atendimento *on-line*. O espaço virtual em que o analista e o analisante se encontram, embora diferente do espaço presencial, é um espaço real presentificado na tela pela imagem de ambos e pelas pulsões escópica (olhar) e invocante (voz/ouvinte). Nos instrumentos virtuais, a voz é preponderante tanto através das telas quanto pelos telefones porquanto, através do objeto voz, o olhar se faz presente. Cabe ao analista, então, conduzir a análise e ao analisante, falar de suas aflições e angústias.

Lacan apreende a noção de práxis com propósito de se referir aos princípios éticos da psicanálise em suas relações com a política na direção da cura. Em *A ética da psicanálise*, ele articula a práxis da psicanálise com o Real[1]. Podemos evidenciar que a psicanálise é a única práxis que é orientada para aquilo que, no cerne da experiência, é o núcleo do Real. A noção de práxis se refere a uma ação que possui um fim que inclui a ética e a política da psicanálise.

Portanto a análise é definida por sua política, não por suas táticas. O dispositivo é o desejo do psicanalista, podendo haver mudanças, mas a política de uma análise não pode ceder do seu desejo, ou seja, o psicanalista não pode ceder de seu desejo. O desejo do psicanalista que é o cerne da direção da cura. A ética da psicanálise é a ética do bem dizer, ou seja, é a palavra que produz um efeito operatório no tratamento. Cada interpretação reconduz o sujeito à escolha do seu desejo e de seus modos de gozo, levando em conta que a ética da psicanálise é manter a estrutura do inconsciente.

---

[1] LACAN, Jacques. *O Seminário, livro 7: A ética da psicanálise* (1959-60). Trad. de Antonio Quinet. Rio de Janeiro: Jorge Zahar Editor, 1991, p. 31-32.

Agradecimentos

Ao Arnaldo, amor de minha vida, pela parceria, pelo incentivo para a publicação desse livro. Partiu dele a ideia de transformar em livro os artigos, trabalhos apresentados e publicados durante minha vida, desde início dos anos 90.

À Andrea, minha amiga querida, de longos anos, companheira, que um dia chegando ao meu apartamento, pegou um *pendrive* e copiou meus artigos e trabalhos: "Você tem de fazer um livro com esses trabalhos da sua longa trajetória." Foi ela quem organizou o material e me ajudou até o final. Em muitos momentos desanimei, essa publicação não existia sem Andréa e Arnaldo.

Ao Antonio Quinet, meu psicanalista, responsável pelo meu inconsciente na condução da análise e da supervisão. Seu trabalho me permitiu chegar ao final da análise, dar outro rumo e avanço à minha vida.

Ao Jairo Gerbase, meu supervisor responsável pelos primeiros trabalhos apresentados e publicados em livros e revistas da psicanálise.

Ao Luiz Romão, por seu entusiasmo. Foi ele o responsável pelos meus primeiros passos na psicanálise freudiana, a partir da supervisão e estudos. Agradeço seu incentivo a buscar o estudo da psicanálise lacaniana.

Dentro da psicanálise em intensão agradeço aos meus analisantes, e supervisionandos pelo aprendizado, pela escuta e pela condução das análises que me permitem maior aprimoramento e enriquecimento. Na psicanálise em extensão pude avançar ainda mais ao preparar meus seminários, pesquisas e estudos. Não posso deixar de agradecer aqui aos vários cartéis que participei como Mais-Um e como cartelizante, os incentivos recebido. Agradeço aos colegas dos Fóruns do Campo Lacaniano, em especial aos do Rio de Janeiro e de Juiz de Fora.

Às minhas filhas Claudia Ester e Beth Mally, aos meus genros Nélio e Ricardo, aos meus netos Nélio, Ana Claudia e Bianca, Nabila, aos meus irmãos Graça, Osvaldo, Riara, Rodoval e Roosevelt (*in memoriam*), ao meu cunhado Luis Carlos, aos meus sobrinhos, afilhados, primos e amigos, a todos eles, os meus agradecimentos pelas sempre presenças na minha vida e pelos incentivos.

Aos meus pais, meus avós, tios e padrinhos que sempre estiveram presentes norteando os caminhos da minha vida.

Aos colegas das tardes de quartas-feiras, como Freud fazia, reuníamos para estudar psicanálise por alguns anos: Cyro, Rêlui, Maria José, a querida Zezé (*in memoriam*), Vanda e eu. Foram anos ricos, de aprendizagem e trocas entusiasmadas que culminava com uma mesa rica de lanche.

Aos colegas participantes de meus seminários, por anos com seus interesses e entusiasmos, que me ajudam a estudar, pesquisar e buscar sempre mais.

As minhas queridas amigas que já se foram Waldete Rossi e Nilda Deiró.

Enfim, aos meus amigos, colegas de psicanálise, que muito enriquecem o meu percurso e meu aprendizado.

Este livro foi impresso em setembro de 2025
pela gráfica Print Park para Aller Editora.
A fonte usada no miolo é Source Serif Pro corpo 10,5.
O papel do miolo é Pólen Soft LD 80 g/m².